ビジネスパーソンのための

世界情勢を読み解く10の視点

ベルリンの壁からメキシコの壁へ

森 千春
MORI Chiharu

Discover

はじめに

世界は今、大きく動いています。

2016年は節目となる年でした。欧州連合（EU）に残留するか離脱するかを問うたイギリスの国民投票で、離脱を求める票が多数を占めました。欧州の共同体は60年以上、拡大を続けてきましたが、初めて加盟国の脱退という痛手をこうむるのです。

アメリカの大統領選では、ドナルド・トランプ氏が当選しました。1年半前に出馬を表明した時には泡沫扱いされた「不動産王」が、あれよあれよという間に大統領の座を手中にしたのです。

私は、新聞社で論説委員として社説を書くのが本業です。従来の常識では推し量れない出来事をどう捉えるか。新聞記者としては悪戦苦闘の日々です。

その中で、私には「またか」という思いがあります。

東西冷戦終結の頃を思い出すのです。当時は国際報道に携わる新米記者として、「ベルリンの壁」の崩壊を現地で取材しました。東西ドイツを巡る情勢が猛烈な速度で変化し、それに翻弄された感覚は、わが身に刻み込まれています。

あの頃も、世界各地で数年前には想像もつかなかった出来事が次々起こりました。きわめっきは、ソ連という国家が解体したことでした。

私は2016年から順天堂大学国際教養学部の非常勤講師として、学生といっしょに国際ニュースを読む授業をしています。

毎回、感想や質問を書いてもらうのですが、ある学生は、「自分たちは混沌の時代を生きている」と記しました。

学生たちは、スマートフォンを自在に操り、ニュースを読み、分からないことがあれば検索します。大量の情報を速く入手します。それでも、世界がどのように動いているか、イメージを持つことは容易ではないようです。

大きなニュースが相次いでいることは知っている。大変な時代だと感じる。でも、ニュースとニュースが関連づけられない。そんな悩みが「混沌」という表現につながったのでしょう。

授業では、現在進行形のニュースについて歴史的な背景を説明しました。一見バラバラに起きている出来事も、歴史を遡ればつながりが分かることが多いのです。国際ニュースを理解するためのコツの一つです。

授業を重ねるにつれ、自分が経験を通じて体得したコツを本の形にできないだろうかと考えるようになりました。

もちろん、東西冷戦終結時に関する知識をそのまま現在にあてはめようというのではありません。冷戦終結という大変動とその後30年近い経緯から得られた知見を生かして、今日の世界の地殻変動を読み解きたいのです。

いわばこの本は、東西冷戦の終わりを知る世代の記者が次の世代に渡す、注意書のようなものです。ここに落とし穴があるなどと書いてあります。

それぞれの章の冒頭に、「視点」を記しました。これが注意事項です。特定の国・地域での出来事を見ていく中で、浮かび上がってきた教訓です。

扱う主な時期は、東西冷戦終結から、アメリカのトランプ政権初期までです。一言でいえば、グローバル化が加速した末に、様々な変調が起き始めた時期です。

この本の主役は国家です。グローバル化の中で個々の国家がどのように振る舞っているのかをとらえます。ある国家の行動を説明するには、歴史によって形成されてきた国家の性格に目配りする必要があります。

必要に応じて、19世紀に遡り、あるいはさらに遠い過去にも言及します。

アメリカのトランプ大統領は、2017年1月の就任演説で、「アメリカを再び偉大にする」との目標を掲げました。

中国の習近平共産党総書記はすでに2012年に、「中華民族の偉大な復興」を唱えました。

中国とアメリカという世界の2大国の指導者が、自国の過去の「偉大さ」に依拠しつつ、これからの方向性を打ち出したのです。国家の過去に視線を向けることが、かつてなく重要になっています。

国際法や軍事問題にも言及します。教科書風の概論ではなく、実際に起きていることを説明するために、国際法や軍事の観点からアプローチしています。

様々な国に関する専門家の意見も引用しています。特に力を入れて紹介したのは、私がそれに接してわくわくした意見です。

記者にとって、事件現場で取材することが基本です。取材すると様々な疑問が残ります。その疑問について考え続けていると、何かのきっかけで突破口が開ける時があります。しばしば力量のある専門家の言葉に助けられるのです。

国際報道をフォローすることは、努力が必要ですが、楽しさもあります。そのことを感じ取っていただければ幸いです。「視点その1」は総論です。「グローバル化」「ネーション・ステート」「民族」といった、国際情勢を読む上での基本的な道具立てについて整理します。「視点その2」から「視点その9」は、特定の国家について重点を置いた各論です。「視点その10」は日本について論じました。文中の人名は一部敬称を略しています。

著者

目次
Contents

ビジネスパーソンのための
世界情勢を読み解く10の視点
ベルリンの壁からメキシコの壁へ

視点 その2

政治指導者は先見性が問われる 030

「ベルリンの壁」崩壊とドイツ統一

視点 その3

激動期にこそ各国の性格が現れる

イギリスのEU離脱とトランプ当選

視点 その4

理念へのこだわりはつまずきにつながる

実務家メルケル首相の難民政策での失敗

視点 その5

民族の性格が危機を招く

韓国の苦悩

視点 その9

帝国が復活している 172

南シナ海を巡る中国とアメリカの対立

ビジネスパーソンのための

世界情勢を読み解く10の視点

視点 その1

グローバル化の時代だからこそ国家の役割は重みを増す

ネーションの復権が起こす世界各地の大変動

グローバル化の中、それぞれの国家が独自の動きを始めた。
トランプ大統領誕生、イギリスのEU離脱など、想定外のことが起こる時代だが、
各国が今後どのような方向に行くのかを予測するには、
それぞれの国民・民族の特性を知ることが必要になる。

爆笑がイヤフォンから聞こえてきました。なかなか静まりません。

日本時間で2016年6月28日朝のことでした。私は通勤途中、ポッドキャストでイギリス公営放送BBCのニュース番組を聞いていました。

デビッド・キャメロン首相が下院で、その前の週の木曜日、6月23日に行われた国民投票について報告したというニュースでした。

国民投票で、欧州連合（EU）に残留するか離脱するかを問うたところ、離脱を求める票が上回りました。EU離脱方針が決まったのです。

残留を呼びかけていたキャメロン首相は、結果が出ると、ただちに辞意を表明しました。与党・保守党が党首選で後継を決め次第、首相職を交代することになりました。

野党・労働党も大混乱に陥っていました。党の方針としては「残留」だったのに、ジェレミー・コービン党首が熱心に残留運動をしなかったのです。それで、野党有力議員で構成する「影の内閣」内から造反が相次いでいました。

そんな中で、キャメロンが報告を始めました。国民投票の結果に言及する前に、新人議員を紹介しました。補選で当選した労働党の女性議員でした。

「議会への通告通りに、トゥーティング（ロンドン南部の選挙区）選出の新しい議員を歓迎します。彼女には、携帯電話をオンにしておくように忠告します。今日中には、影の内閣の一員になっているかもしれませんから」

イギリスのEU離脱を問う国民投票の結果を伝える新聞記事

欧州連合（EU）残留か離脱かを問う英国の国民投票が23日に行われ、同日午後10時（日本時間24日午前6時）に投票を締め切り即日開票した。英BBC放送は24日、離脱が過半数となることが確定した。1993年に発足し、統合を深めてきたEUの歴史的な転換点となる。拡大を続けたEUの加盟国が離脱するのは初めて。これを受け、24日の東京金融市場では、安全資産とされる円が買われて急速に円高が進み、円相場は一時、2年7か月ぶりに1ドル＝99円台をつけた。日経平均株価（225種）も約4か月ぶりに1万5000円を割り込むなど混乱が広がっている。英国だけでなく欧州や世界の経済にも大きな影響が及ぶことが懸念される。〈関連記事2・3・11面〉

読売新聞2016年6月24日夕刊1面

無論、キャメロンが言ったのは冗談です。「労働党は造反が相次いでいるから、影の内閣入りを要請する電話が新人議員にもかかってくるかもしれないよ」という意味です。

議員たちは爆笑しました。ポッドキャストで聞き直して測ったところ、約20秒間、笑い声が続きました。怒声は聞こえなかったので、与党の議員だけでなく、多分、野党側も笑ったなと推測できました。

私は最初、「何だよこれは」と腹が立ちました。

イギリスの国民投票の結果は、世界中にショックを与えました。東京で働く新聞記者である自分も随分忙しいのです。それなのに当のイギリスの首相が、悠然とジョークを飛ばし、議員たちは大喜びしている……。

しかし、ロンドン特派員だったころの経験を含めイギリスに関する知識を思い出し、これはイギリスらしい一コマだと考え直しました。

イギリスのエリートたちならではの振る舞いなのです。

苦境にあってもパニックに陥らない。ユーモアを忘れない。

イギリスのエリートたちの心得です。キャメロンのジョークは、それを体現して見せたのでしょう。議員たちは、キャメロンなかなかやるな、と喜んだのです。

イギリスの下院での爆笑は、イギリスの歴史が育んできた政治文化の一端をのぞかせたと言えます。

今起きている変動の主役は国家とその指導者だ

２００８年のリーマンショックで、金融グローバル化の問題が露呈し、国家の役割を再認識させる契機となりました。

アメリカに端を発した世界的経済危機は、個々の国家に対応を強いました。欧米諸国は金融システム維持の措置を取りました。中国を取り込んだＧ20という国際的な協議の枠組みができました。

中国は、巨額の財政出動により景気回復の牽引車役を務め、自国の影響力に自信をつけました。

リーマンショックから10年足らずで、トランプ大統領の誕生のように予想もできなかったことが起きる時代に入りました。国家に対する感覚を研ぎ澄ますべき時です。

国家の指導者の決断は重要です。

そもそもイギリスが国民投票を実施したのも、キャメロン首相が決断したからです。2015年に大問題になった欧州への難民大量流入への対応では、ドイツのアンゲラ・メルケル首相が主導的役割を果たしました。中国では、習近平国家主席の「一強」ぶりが顕著になっています。権力が習氏に集中する傾向です。

ユーロを作ったことが、今日のEUのあり方を決定づけています。ユーロをこれほど早く創設することになったのは、1990年代前半の欧州をリードしたドイツのヘルムート・コール首相、フランスのフランソワ・ミッテラン大統領のコンビのなせる業でした。

韓国のITの発展ぶりは、金大中大統領の業績です。金大中氏の負の遺産は、北朝鮮に対して、融和政策を推進したことです。彼は南北首脳会談を熱望し実現しました。対北朝鮮融和策は、その後の韓国の北朝鮮に対する政策に影を落とし続けています。

世界の変動を観察し、理解し、先行きを読もうとするなら、政治指導者に着目しなければなりません。

「グローバル化」は要注意用語

「グローバル化」という単語が、マスコミの記事にさかんに使われています。

どうしてかと言うと、次の二つの理由があります。東西冷戦後にグローバル化が加速したことと、ここ数年、グローバル化に変化が起きていることです。

後者をもっとはっきりと「グローバル化の逆流」と表現する場合もあります。

「グローバル化」は、英語をカタカナ表記して、「グローバリゼーション」「グローバライゼーション」と表記する場合もありますが、この本では「グローバル化」と書きます。

マスコミが使う「グローバル化」は、最大公約数的に言えば、次のような現象を指します。

・ヒト、モノ、カネ、情報の動きが盛んになる。

・この動きは国境を越える

グローバル（global）の元の名詞、グローブ（globe）

は、地球という意味です。グローバル化は、世界的な現象です。

この本で扱う「グローバル化」は、20世紀後半から21世紀にかけての現象に限定します。

中国が１９７８年に改革開放政策を開始したことが重要な伏線となりました。世界を資本主義世界と共産主義世界という２陣営に分けていた東西冷戦が１９９０年代初めに終わったことは、グローバル化をいわば解き放ちました。東西冷戦終結が、グローバル化を加速させたのです。

この本ではしばしば「グローバル化」に触れますが、本題は今日の国家についてです。グローバル化の中の国家です。

「グローバル化」という言葉は取り扱い注意です。

京都大学名誉教授の佐伯啓思さんは、

「グローバリズムという言葉は一種の魔語である」（佐伯啓思『倫理としてのナショナリズム』中公文庫、２０１５、２５５頁）と喝破しています。国家から独立した自由市場ができるというのはイリュージョンだ、という主張です。

私の考えでは、「グローバル化」という言葉はあまりに広範な対象をカバーしているので、「グローバル化」という単語を使った文の意味が茫漠としがちなのです。

先ほど挙げたように、ヒト、モノ、カネ、情報という４種類の動きを指すとされます。

ヒト、モノは、目で見ることができ、手で触ることができます。ヒトの移動（旅行）、モノの移動（運搬）には、時間と労力が必要です。

インターネットを媒介とする今日の情報は、瞬時に遠隔地に届きます。

カネはその中間です。紙幣や硬貨ならモノの一種です。しかし、コンピューターを利用する今日の金融取引は、一種の情報の交換です。

「グローバル化」という言葉に接する時、あるいは自分で使う時は、ヒト、モノ、カネ、情報のどれに力点が置かれているのかを意識するのが賢明です。

カネの流れは、ヒト、モノより はるかに速い

現代のカネの流れがいかに速いか。例を挙げましょう。

読売新聞の2016年6月24日夕刊の記事です。

> 欧州連合（EU）残留か離脱かを問う英国の国民投票が23日に行われ、同日午後10時（日本時間24日午前6時）に投票を締め切り即日開票した。英BBC放送は24日、離脱が残留を上回ったと報じた。離脱が過半数となることが確定した。1993年に発足し、統合を深めてきたEUの歴史的な転換点となる。拡大を続けたEUの加盟国が離脱するのは初めて。

ここから市場の話になります。

> これを受け、24日の東京金融市場では、安全資産とされる円が買われて急速に円高が進み、円相場は一時、2年7か月ぶりに1ドル＝99円台をつけた。日経平均株価（225種）も約4か月ぶりに1万5000円を割り込むなど混乱が広がっている。英国だけでなく欧州や世界の経済にも大きな影響が及ぶことが懸念される。

イギリスの国民投票は、日本から見れば遠い欧州の出来事です。その結果がすぐに日本の金融市場のドルと円のレートを変えました。

国民投票の結果が出たのを受けて、市場で売買している世界各地の金融機関は、今どの通貨を持っていたほうが得か考えて行動したわけです。

時差を考えれば、日本の昼は、ヨーロッパでは早朝、アメリカは夜中で、まだ欧米市場は開いていません。ですから東京の市場がイギリスの国民投票のニュースに直撃されたわけです。

カネの取引はヒト、モノより簡単に国境を越えるのです。

われわれは、金融によって世界中が結びついている時代に生きています。国家指導者たちも、この現実を

意識せざるを得ないのは確かです。

「ネーション・ステート」という概念を理解する必要がある

グローバル化した金融資本主義という現実の中で、それぞれの国家が独自の動きを始めた。世界の現状は、そのように言えます。

それぞれの国家の動きを理解して、その国家の今後の方向を占うには、その国家の特性を知る必要があります。その特性は、国家が置かれた地理的環境や国民が経てきた歴史によって形成されているのです。「ネーション・ステート」という国家観を把握することが、世界の歴史や現状を考える上で手がかりとなります。

「ネーション」には、「国民」「民族」の二つの意味があります。「ステート」は国家です。「ネーション・ステート」は、日本語では「国民国家」か「民族国家」となります。この考え方は、今日に至るまで世界中に影響を及ぼしてきました。

「ネーション・ステート」という国家観の本家は19世紀のフランスでした。18世紀のフランス革命と19世紀初頭のナポレオンの活躍によって、フランスが欧州大陸一の強国として浮上しました。近隣地域を軍事力で支配しただけでなく、思想的にも影響を与えます。

フランスに範をとった「ネーション・ステート」という考え方が支配的になったのです。

19世紀欧州の産物である「ネーション・ステート」のすっきりした定義を、岡田英弘さんの著書に見つけました（岡田英弘『読む年表　中国の歴史』ワック、２０１２年、21～22頁）。岡田さんはモンゴル、中国の研究を土台に、スケールの大きい歴史論を展開した研究者です。一部修正して箇条書きしてみました。

「ネーション・ステート」とは何か

・国王の財産ではない
・はっきりした国境を持つ
・その内側に住む人々は、同じ言語を話し、国民として連帯意識をわかちあう
・一つの中央政府のもとに統合されている

この定義には、「共通の言語」が登場しています。言語は、民族とネーション・ステートを結ぶちょうつがいと言えます。

「ネーション・ステート」という考え方を理解するための勘どころが二つあります。

まず、ネーション・ステートは、そうでない近隣地域よりも強いということです。軍事的、政治的に優位に立つのです。そうすると、近隣地域の人々は、「自分たちも同じ言葉を話すネーション（民族）ではないか」「自分たちもネーション・ステートを作ろう」と志向するようになります。

欧州では、イタリア王国が1861年に成立します。普仏戦争に勝ったプロイセンがドイツを統一したのが1871年です。

もう一つは、ネーション・ステートが成立した後、ネーション（国民）としての一体感を強化する不断の努力がなされるという点です。教育が重要な要素です。

日本は1868年の明治維新でネーション・ステートの体裁を作りました。イタリア、ドイツとほぼ同時期にスタートしたのです。

「民族」とは何だろうか

というわけで19世紀のヨーロッパにおいて、ネーション・ステートの衝撃波によって、「民族」が広く意識されるようになりました。「民族」という考え方は近代の産物なのです。

「民族」とは何か、辞書を見てみましょう。『広辞苑』第六版（岩波書店、2008年）の「民族」の項にはこうあります。

> 文化や出自を共有することからくる親近感を核にして歴史的に形成された、共通の帰属意識をもつ人々の集団。特に言語を共有することが重視され、宗教や生業形態が民族的な伝統となることも多い（以下略）

文化、特に言語を共有するところが重要です。

民族の数は、定義によるのでしょうが、世界に8000の民族が存在するとも言われます（産経新聞2015年11月16日「正論」欄掲載の村井友秀東京国際大学教授の寄稿）。

国家の数は200近くです。

外務省のホームページ掲載の2016年9月現在のデータでは、日本が承認している国は195か国です。これに日本自身を加えれば196か国になります。ただし北朝鮮は含まれていません。

民族の数のほうが国家より圧倒的に多いわけで、どの国家でも、国民は複数の民族からなっています。そして多数派の民族と少数派の民族と区別できる場合が多いでしょう。

ここまでは、一般論で、異論はないかと思います。

しかし、すなわち個々の国について語ろうとすると、簡単ではありません。国家と民族の関係は千差万別なのです。

東西冷戦終結でネーションが活性化した

1989年の「ベルリンの壁」崩壊が象徴する東西冷戦の終結後、民族紛争が激化したとよく言われます。共産主義体制という重しがなくなり、民族がネーション・ステートを作ろうという動きが活発になったためです。

武力衝突も起きました。共産主義国家ユーゴスラビアが分解していったケースは典型例です。

東西冷戦終結以降の経緯を振り返り、民族紛争激化という特徴を挙げることは容易です。

容易ではないのは、そうした趨勢を予見することです。

世の中には、それができる慧眼《けいがん》の持ち主が現れます。たとえば、『文明の生態史観』で知られる梅棹忠夫です。

東西冷戦が終わった後ではなく、東西冷戦まっただ中の1983年に、こんな発言をしていました。

「わたしは二〇世紀のこれから後と二一世紀にかけて

は『トラブルの時代』と見ます」（梅棹忠夫『日本の未来へ――司馬遼太郎との対話』NHK出版、2000年、24頁）

ここでいう「トラブル」とは、国家内の多数民族と少数民族の間の紛争を意味します。解決の可能性について聞かれた梅棹忠夫は、「二一世紀前半くらいまでは、まああかんなと思っております」（同、30頁）と答えています。

21世紀半ばまでといえば、私たちが生きている、そして生きていく時期です。

梅棹忠夫は2010年に死去しました。民族紛争の多発を読んでいたその先見性には、敬意を表します。これからの世界の趨勢を見ていくのは、私たちの課題です。

東西冷戦終結から21世紀半ばまでが、一様な時期というわけではなくて、世界はまた節目を迎えています。イギリスのEU離脱やトランプ大統領登場は、その現れです。

この本で主張しようとしている私見を述べます。この新しい時期の特徴を読むには、それぞれの国家内の主流派に目を向けることが必要です。

国民（ネーション）の特性はしぶといのです。そのしぶとさが、世界が変動期に入った今日、それぞれの国家の振る舞いに、明確に現れ始めています。

主流派と表現したのは、ネーションの性格を担っている人々です。あるいは、意識的にであれ、無意識的にであれ、特性を担っていると信じている人々です。

トランプは大統領選で、どれほど既成マスコミの批判を浴びてもアメリカの主流派の支持を得さえすればいい、という確信があったのでしょう。

この本は少数派を無視するのか、というご批判を受けるかもしれません。しかし、そうではなくてバランスを取ろうとしているのです。

国民（ネーション）には特性がある

英国首相を務めたサッチャーは、回顧録で、ドイツ論の前置きとしてこう書いています。

「私は民族に個性があることは信じる。それは、多くの複雑な要因から形づくられるものである。民族の戯画化は時としてばかげていて、不正確なこともあるが、そのことによって民族の特性は小さくなるものではない」（マーガレット・サッチャー、石塚雅彦訳『サッチャー回顧録 下巻』日本経済新聞社、１９９３年、４１０頁）

原文では、national characterという表現を使っています。ネーションに個性があると主張しているのです。

サッチャーのドイツ論は、この本の後のほうで紹介します。注目したいのは、彼女が「ネーションの個性」はあると断言していることです。政治家たるもの、公の場で、特定の国民や民族について特性を論じることには慎重なのが普通です。

さすが「鉄の女」と称されたサッチャーは勇気があったのです。

勇気だけでなくて知恵も、です。

現実の外交で、特定の国民・民族について、経験を積んでいけば、知恵がある人ならば、特性を見いだすはずだからです。

サッチャーだけでは納得がいかない読者の方もいるでしょう。もう一人、優れた実務家の例をあげましょう。

サッカーの日本代表チーム監督を務めながら病に倒れて退任した、イビツァ・オシム氏です。木村元彦著『オシムの言葉 増補改訂版』（文春文庫、２０１４年）から紹介します。オシム氏は、ユーゴスラビア出身です。１９９０年のW杯イタリア大会に向けて、ユーゴ代表監督として、ユーゴスラビアの各地を回り選手を選びました。

木村さんは、オシム監督が各地の異なるメンタリティーを語った内容を書いています。その一部を引用します。

「例えばモンテネグロの人間というのは特に小さくて人口も少ないながら、歴史的に大国に怯《ひる》まなかったということで、自分の街にプライドを持っている。誇り高い人間だ。ひとりででも大きな仕事をしようとする」（62頁）

国民や民族の特性について語ることが、ナショナリズムをかきたてると警戒する人もいます。

ナショナリズムの定義は、社会人類学者アーネスト・ゲルナーによるものが簡明です。ナショナリズムとは、第一義的には、政治的な単位と民族的な単位とが一致しなければならないと主張する一つの政治的原理である――というものです。萱野稔人さんの『成長なき時代のナショナリズム』（KADOKAWA、2015年）からの孫引きです。

オシムさんは、ユーゴスラビアが解体に向かう時期、すなわち各民族がネーション・ステートとして独立しようと動き出した時期に、ユーゴ監督を務めたのです。

ナショナリズムをむき出しにしたメディアがそれぞれの民族の選手をえこひいきしました。オシムさんは、プライベートな生活でも、ボスニア・ヘルツェゴビナの内戦のために、一時期夫人といっしょに暮らせなくなるという辛酸を味わいました。

ナショナリズムが暴走した時の怖さは、日本人には想像できないくらいに骨身に染みているでしょう。

それでも、民族の特性を把握して堂々と語ったのです。監督として実績を残したという自負があるからでしょう。こうした人物の言には、謙虚に耳を傾けるべきだと思います。

オシム監督にとって、良いチームを作り、試合に勝つという目的は明確でした。民族の特性をつかむことは、個々の選手の良いところを引き出すための手段だったのでしょう。

私たちがネーションの性格について語る時にも参考になります。変革期に入って、それぞれの国家が従来とは違った風に動き出しています。それぞれの国家の動きを理解し、先の展開を読むために、ネーションの性格を考えることが役立つのです。

もちろん、ネーションの性格を語るうえでは、多くの事実を踏まえることが肝心です。私たちが仕事や私生活で観察したり感じたりしたこと、メディアで報じられるニュース、そして歴史上の出来事などです。

気をつけなくてはならないのは、ネーションの性格を語るといっても、あるネーションをまるごと表現しようとしているのか、ネーションの中の特定の層についての表現なのか、意識する必要があるということです。

この章の冒頭で触れたキャメロンの冗談は、いかにもイギリスの政治エリートらしいエピソードでした。時にはエリートに、時にはサイレント・マジョリティに着目するといった複眼的な視線が、ある国家の行動を理解する上で大切です。

視点
その2

政治指導者は先見性が問われる

「ベルリンの壁」崩壊とドイツ統一

「ベルリンの壁」崩壊という驚くべき出来事から
わずか11か月で東西ドイツは統一された。
その速度は、当時の西ドイツ・コール首相の決断力と行動力によるところが大きい。
勘がよく先見性を持つ指導者が多数派の心情を感じ取って決断を下す時、歴史は動くのだ。

世界は、20世紀後半に東西冷戦終結という激動を経ました。私は、「ベルリンの壁」崩壊から東西ドイツ統一の頃、新聞社の特派員としてベルリンに駐在していました。この章は、その当時の話から始めます。

昔話ではないのです。あの頃、こんな点を感じとったことはその後の展開を読むために役立ったとか、ここは失敗したという反省を書きます。

自分の体験から分かった、国際情勢を読む際の落とし穴に注意を喚起したいのです。

30年近く経過する中でようやく分かってきたこともあります。今日の激動については、そんな悠長なことを言わず、流れを早く読みたいものです。

「ベルリンの壁」ができた経緯

「ベルリンの壁」崩壊の話を理解するには、東西冷戦について若干の前提知識が必要です。

ソ連という国家が共産主義陣営の盟主でした（ソ連は、１９９１年に分解してなくなりました。ソ連の中で核心となる部分はロシアでした。ソ連の後継国家はロシアです）。

第2次世界大戦でドイツは、ソ連、アメリカ、イギリスと戦いました。アメリカとソ連は同じ側に立っていたわけです。ドイツと日本は、軍事同盟を結んでいました。

日本はアメリカ、イギリスと戦い、敗れました。

戦後、アメリカとソ連は対立します。けれども、直接には戦争をしませんでした。だから、冷たい戦争と

東西ドイツとベルリンの位置

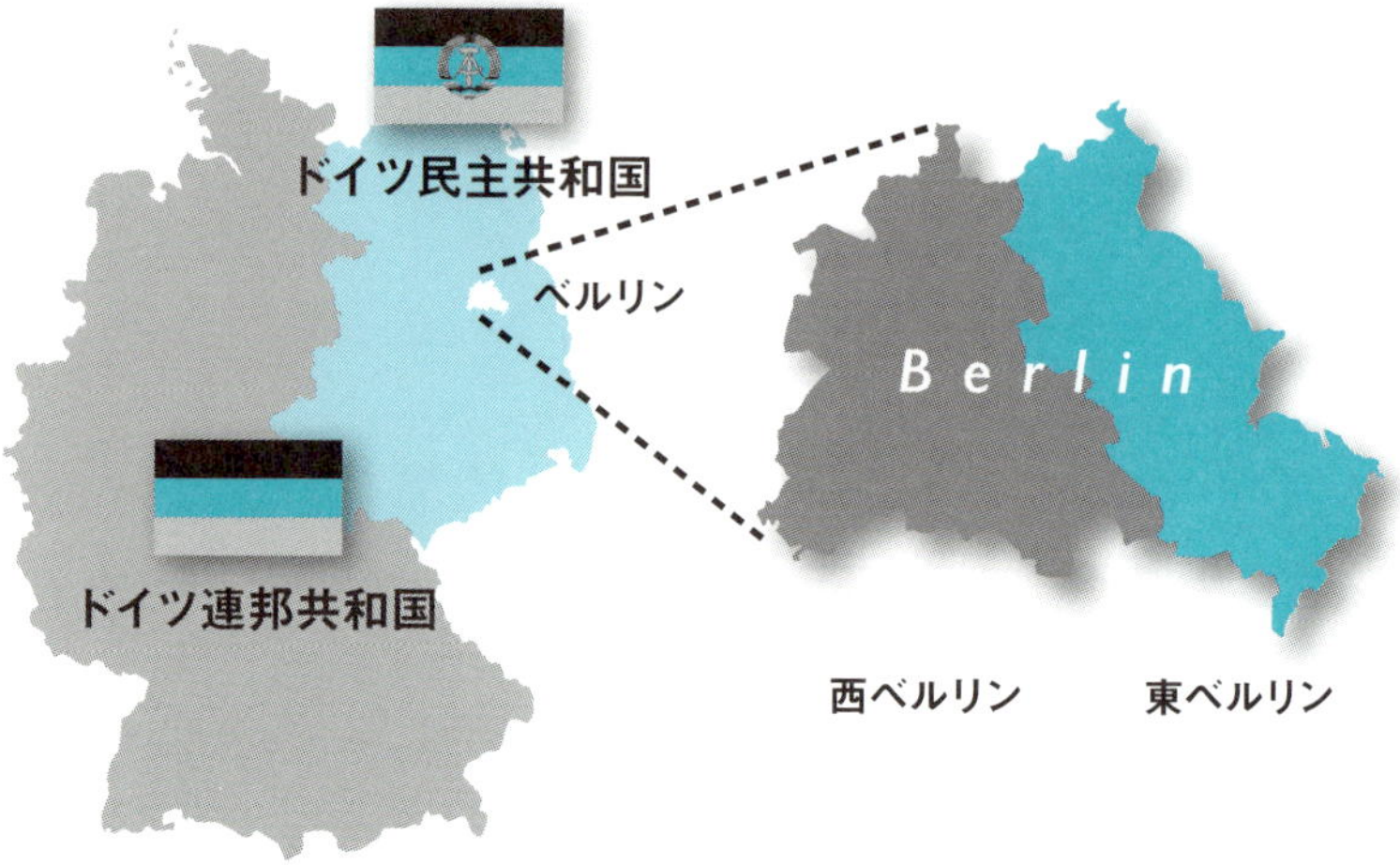

いう意味で「冷戦」と言われています。欧州を中心にして、東のソ連と西のアメリカの対立なので東西冷戦と呼びます。

東西冷戦はいつから始まりいつまで続いたのか。いろいろなとり方がありますが、おおむね第２次世界大戦が終わった後の１９４０年代後半から、１９９０年頃までです。

第２次世界大戦でドイツが敗れ、東西冷戦下で二つの国家が生まれました。現在のドイツ国家は一つですが、１９９０年までは西ドイツという国家と東ドイツという国家の二つがありました。西ドイツは、正式名称が「ドイツ連邦共和国」で、自由主義と市場経済の国家でした。東ドイツは「ドイツ民主共和国」で、共産主義国家でした。東ドイツの共産主義政党は、ドイツ社会主義統一党（ＳＥＤ）でした。

戦前のドイツの首都だったベルリンは、西ベルリンと東ベルリンに分けられました。

国家だけでなく首都も分割されることになったのは、ドイツに勝った諸国による占領の結果です。

ベルリンは、東と西に分割され、西ベルリンは「壁」で包囲されていた

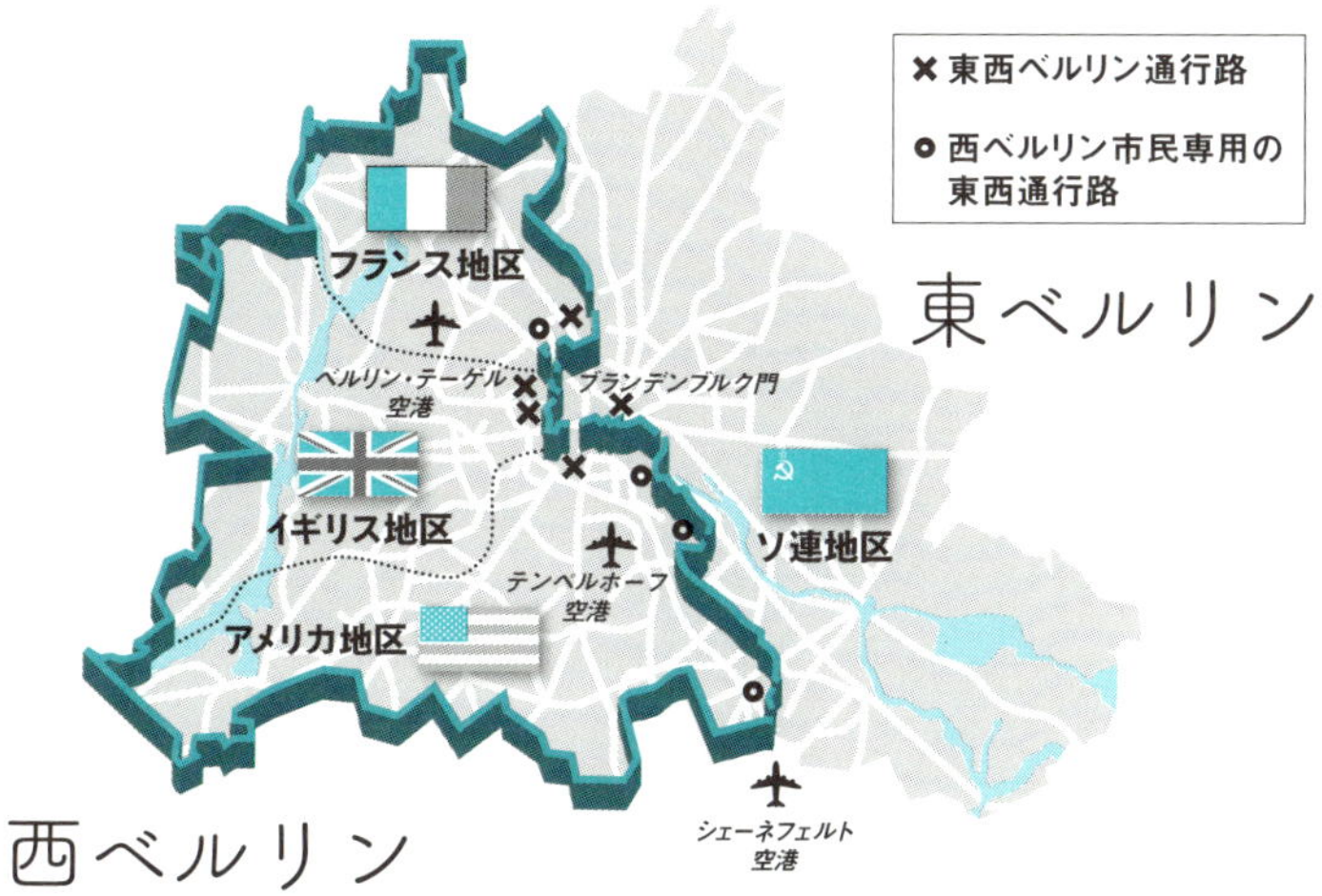

永井清彦『現代史ベルリン』(朝日選書、1984年)をもとに作成

ドイツの西側は、アメリカやその仲間のイギリス、フランスが占領しました。東側はソ連が占領しました。ベルリンは東側に位置していました。首都という重要性があるので、米国としてはソ連だけに独占させたくありませんでした。そこで、ベルリンも分割して、ベルリン西部はアメリカ、イギリス、フランスが管轄し、ベルリン東部はソ連が管轄することになりました。ベルリンは国際法上、4か国による占領地域だったのです。

アメリカ、イギリス、フランスが管轄している地域が西ベルリン、ソ連の管轄地域が東ベルリンと呼ばれました。東ドイツは東ベルリンに政府を置きました。

1961年に東ドイツが「壁」を作りました。人が通れないように、西ベルリンをぐるりと取り囲む壁を作ったのです。

「壁」ができる前、大勢の人が東ドイツから西ドイツに移りました。西側のほうが豊かで自由だったからです。そういう人たちは、東ベルリンから西ベルリンに入りました。西ベルリンに入りさえすれば西ドイツにもし日本と東京も分断されていたとしたら……

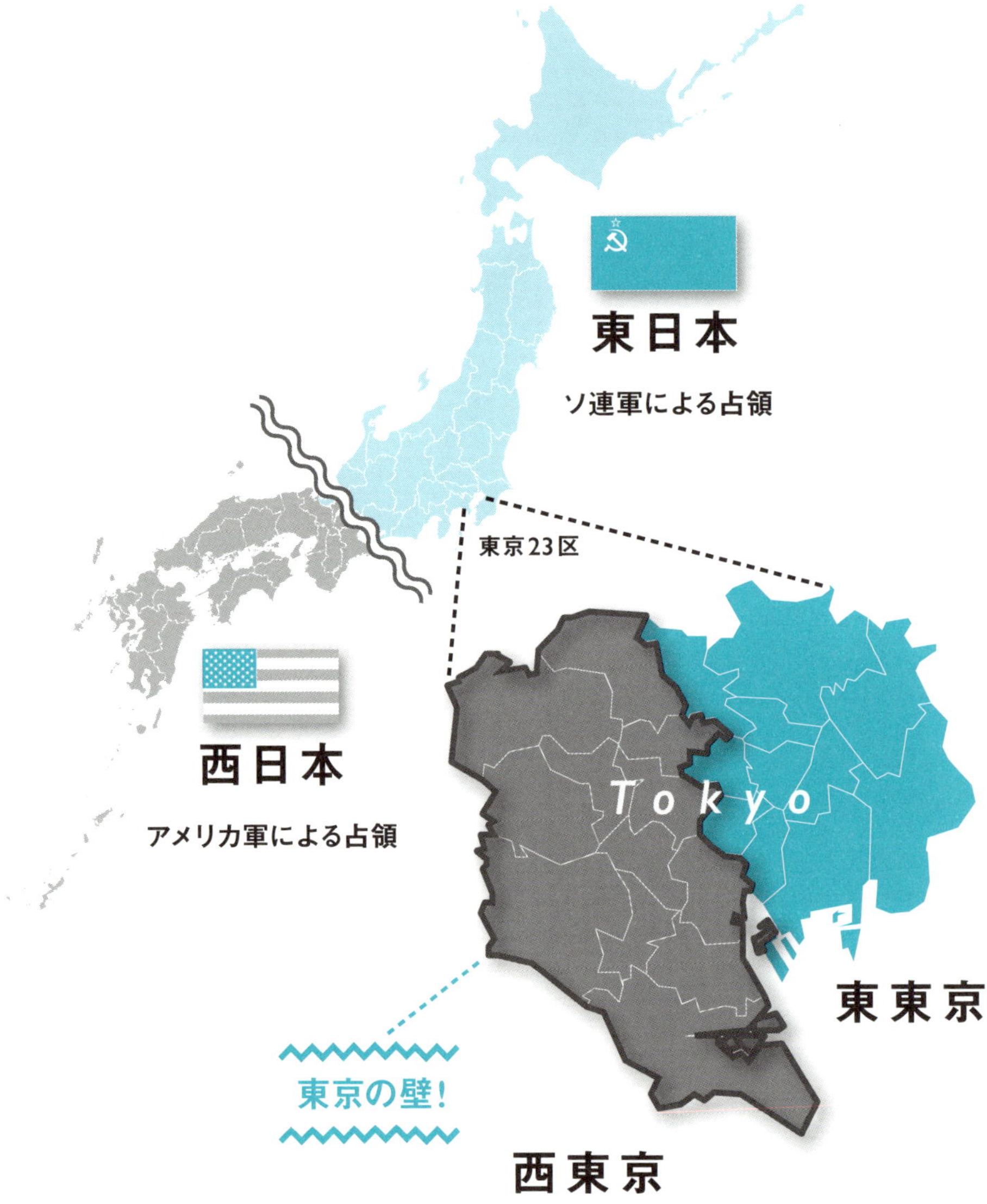

行くことができたので、このルートを利用したのです。

日本に置き換えたらどうでしょうか。あくまで仮定の上の、日本も戦争の負け方によってはこうなったかもしれないという話です。

ソ連軍が日本の東部を占領して、アメリカ軍が西部を占領する。そして二つの国ができる。その場合、東京も東と西に分けられる。「西東京」は壁で囲まれる。「東東京」に位置する文京区の住民は、新宿に自由に行けなくなる。

想像すると、奇妙で非人間的です。ベルリンではこうした状況が28年間も続いたのです。

大変なことが起きているという直感

「ベルリンの壁」は1989年11月9日に「崩壊」しました。東ドイツが「壁」による通行制限を放棄したのです。

この年、東ドイツ、ハンガリー、チェコスロバキアなどソ連の衛星国といわれた諸国で、民主化を求める運動が盛り上がりました。東ドイツの市民は、ハンガリーやチェコスロバキアなど様々なルートを使って西ドイツに逃げ出すようになっていました。この「壁」を越えなくても西へ行けるようになったのです。

東ドイツを支配している共産主義政党、ドイツ社会主義統一党（SED）は、トップである書記長をすげ替えて生き残りを図っていました。

東ドイツの国内では、反体制デモが盛り上がり、「壁」による通行制限を止めるよう求める声が大きくなっていました。それで、東ドイツ政府は西側への旅行を認める法律を準備したのですが、国民たちの自由往来という願望からはほど遠い内容で、かえって火に油を注いでしまいました。

私が取材のために東ベルリンに入ったのは、11月7日でした。「壁」崩壊はまったく予想していませんでした。

街に出ると、市民らがデモをしていました。プラカードには、「旅行の自由」と書いてありました。共産党独裁に反対するデモが盛り上がっていたのですが、も

崩壊したベルリンの壁

壁に登る東ベルリン市民。1989年11月10日（ロイター／アフロ）

っとも強く要求していたのが旅行の自由でした。

私はある中年男性に話を聞かせてほしいと頼みました。

職業を聞くと、「小売商」だと言います。20歳くらいの娘と、十代らしき息子と一緒でした。プラカードには、「自由選挙を」とありました。意見を聞くと、この小売商の人は、あふれるような勢いで語りました。共産党が準備した新しい旅行法ではとても満足できないと言います。

「西ベルリンに行くのにも、30日前に届けるのだとさ。旅行期間は30日間だとさ。この法案で分かったよ。SEDの連中は、誰がトップになってもだめだって」

名前を聞こうとして私は躊躇しました。共産主義政党の独裁体制下の一般国民は自由に意見が言えないから、名前を教えないだろうという先入観からです。

だからこう言いました。「年齢を教えてください。匿名にしますから」。あなたの名前は、新聞にだしません、ともちかけたのです。原稿では、「○○歳の小売商は、こう言った」と引用するつもりでした。

この男性、そして家族がいっしょにあげた声は、私を驚かせました。「匿名はだめだ」。名前を隠したくない、と言うのです。私はその時、感じました。大変なことが起きている、国民がSED独裁体制を恐れなくなっていると。

この人の名前は、ハインツ・ワインベルガーさん、当時47歳でした。

人と話していて「これは大変な事だ」と勘が働くことは、記者にとってはもちろん、どんな職業に従事していても、大切ではないでしょうか。相手の言葉だけじゃなくて、声の調子、表情、身ぶり、そういうものから感じ取るのです。

時代の変化を感じ取ったあの瞬間は忘れられません。この1989年11月7日の夜はいい思い出ですが、2日後の9日から10日は、後から振り返り己の鈍さを反省する材料になっています。

反省 ルールをまともに受け止めると出遅れる

9日にSEDの中央委員会が開かれ、ギュンター・シャボウスキ政治局員が、記者会見で討議内容を伝えました。私はそこにいてメモを取っていました。

質疑応答で、国民が求める旅行自由化について質問があり、シャボウスキは手持ちの書類を読みあげました。SEDの決定を伝える内容でした。

「国外への個人旅行は、渡航目的および親戚関係といった条件を提示しなくても申請できる。許可は短期間で出される」

さらに記者からの質問を受けたシャボウスキは、「この決定は遅滞なく効力を有する」と答えました。

この発言が、「ベルリンの壁」崩壊の引き金を引いたのです。

この日に起きたことを整理します。その後段々と明らかにされた事実を総合すれば次のようになります。

①シャボウスキがこのメモを9日夕方の記者会見で読み上げたのは、手違いだった。SEDと政府は、10日朝に発表する予定だった。その予定がシャボウスキにちゃんと伝わっていなかった。

②記者会見のニュースがテレビなどで伝えられると、東ドイツ国民の中には、とにかく東西境界まで行ってみようという人々が出てきた。

③西側の記者の中には、何か起こるかもしれないと感じて、境界の検問所で取材する者がいた。

④西側のテレビがフライング気味に、境界が開放されて東ベルリンから人が出てきたと報じた。これにより境界につめかける東ドイツの国民が増えた。

⑤あまりに多くの人が検問所に集まり西側に行こうとしたので、現場の東独当局が通過を許可した。

私は残念ながら、③で書いた、いち早く検問所に駆けつけた記者の中には入っていませんでした。

午後11時になってもホテルの一室で原稿を書こうとしていたのです。シャボウスキの発表を読み返し、明日の朝には西側への旅行を申請する人々の列ができるのかな、とのんきなことを考えていました。

東京本社から電話がかかってきて、「壁」に人が集まっているらしいと伝えてくれました。

あわててホテルを飛び出し、近くの検問所まで歩いて行きました。ギリギリで上記の⑤の段階を取材できたのです。

なぜスタートダッシュが冴えなかったかと言えば、馬鹿真面目だったからです。東独当局が施行しようとしたルールをまともに受け取ったからです。

世の中が動く時には、ルールなど押し流してしまう勢いがあるのです。それが分かっていませんでした。

「ベルリンの壁」崩壊は、11月9日の経緯に焦点をしぼれば、人為ミス（上記の①）、大衆心理（同②）、不正確な情報（同④）など複合的な原因で起きました。

反省 東西ドイツ統一の見通しを誤る

読売新聞は翌10日夕刊で、「ベルリンの壁」崩壊に関する「特派員座談会」を掲載しました。各地の特派員が原稿を送り、東京本社のデスクが座談会形式に編集

ベルリンの壁崩壊を伝える新聞記事

東独が西独国境開放

ベルリンの壁、28年ぶり〝崩壊〟

市民出国を自由化

臨時措置を実施　数千人が即日越境

【東ベルリン十日＝森特派員】東ドイツ閣僚評議会は九日夜、市民の国外旅行と移住のための出国を全面自由化する政令の施行を決定、直ちに実施すると発表した。これにより一九六一年八月に、東西の交流を厳しく規制するため構築された「ベルリンの壁」は二十八年ぶりに実質的に消滅することになった。同日夜、直ちに東ドイツと隣接国との国境および、東ドイツと西ベルリンとの境界線が開放され、深夜までに東ベルリンだけで数千人の東ドイツ市民が国境を越えた。米ソ両国政府は同日直ちにこの自由化措置に歓迎の意を表明した。しかし一方で東独の国境開放はドイツ再統一問題を一挙に加速させるものとみられ、戦後欧州の安全秩序を混乱させる新たな不安要因になるとの懸念も広がっている。来月二、三日、地中海で開かれる米ソ艦上サミットでは、「ドイツ問題」の取り扱いと欧州の新たな安全保障秩序構築が最大の課題となろう。

（特派員座談会3面、関連記事2・3・社会面に）

東ドイツ国営通信によると、この措置は、旅行の自由化を盛り込んだ旅行法案が人民議会（国会）で採択されるまでの臨時措置。出国にはビザが必要とされているが、これまで取得に必要とされた前提条件なしで「遅滞なく」与えられ、国内すべての国境通過地点で認められるとし、東独市民が西ドイツ、西ベルリンに直接出ることが、事実上自由になった。

六一年のベルリンの壁構築以来、千三百九十三㌔の両ドイツ国境で両独市民の通行を阻んできた壁と鉄条網を無意味にするばかりでなく、ベルリンの壁撤去、さらにはドイツ統一論議に大きな影響を与える。

この決定は東独テレビを通じても流され、これを聞いた東独市民数千人が九日深夜までに出国ビザ、旅券なしで西ベルリンや西独に出国した。決定は西独政府にも大きな衝撃を与え、国境通過地点に受け入れのための情報センターを直ちに設置した。

東独政府がこの措置に踏み切ったのは、現在チェコスロバキア国境で続いている東独市民の出国がさらに増加の勢いを示しているためとみられる。東独国営通信は、東独南部国境からチェコ入りする市民が九日急増、一時間に四千人になり、クレンツ国家評議会議長自ら越境市民に「あなたを必要としている」ととどまるよう呼びかけていた。九日夕の記者会見の最後に、この措置を発表したシャボウスキ党政治局員も「友好国（チェコ）を東独で起きている複雑な事態に巻き込みたくない」と述べた。チェコ国境からは出国が認められた三日夜から九日までに五万人を超える東独市民が出国、今年の東独からの移住者は二十二万人を超えることが確実視されている。

ハンガリー政府はことし五月、国内の自由化と西側世界に対する友好姿勢の意思表示として西隣の中立国オーストリアとの国境の鉄条網撤去に踏み切ったが、この決断が、鉄のカーテンに風穴を開け、ベルリンの壁の〝撤去〟を強く促すきっかけとなった。

東独政府が六日に発表した新旅行法は、一年に一回、三十日間の国外旅行を認め、申請後三十日以内に決定を下し、移住の希望には三か月から六か月の間に可否を決定するとしていた。来月二十日までに施行が予定されていたが、市民からは外貨持ち出し限度額に何も触れていないことから批判は強く、人民議会法制委員会は七日、「市民の期待にこたえていない」と拒否を決定、年内の施行が疑問視されている。

10日未明、ベルリンの壁に登り、喜びを表す両独市民たち（向こうに見えるのはブランデンブルク門）＝AFP時事

西独首相　首脳会談を希望

【ハンブルク十日＝時事】ドイツ通信（DPA）が十日、ポーランド訪問中のコール西独首相側近筋の話として報じたところによると、東独政府が国境を全面開放した事態を受けて同首相は急きょ十日中にワルシャワからボンに戻り、政府の緊急協議を行うことになった。九日夜、ワルシャワで記者会見したコール首相は、アウシュビッツ訪問などを含んだ十三日までの滞在を切り上げることを検討中だと語り、東独のクレンツ国家評議会議長、モドロウ次期首相と早急に会談したいとの希望を明らかにしていた。

米大統領が歓迎

【ワシントン九日＝山田真特派員】ブッシュ米大統領は九日、東独当局がついに西独との国境開放を決断したことを受けて、緊急記者会見を行い、東独情勢の大転回に歓迎の意を表明した。

国外旅行に関する新措置

【東ベルリン十日＝森特派員】東独国営通信（ADN）が九日政府スポークスマンの発表として伝えた国外旅行に関する新措置は次の通り。

◇

一、東独閣僚評議会は、新旅行法が人民議会（東独国会）によって効力を与えられるまで、東独から国外への個人旅行および永久出国について以下の命令が直ちに実施されることを決定した。

二、国外への個人旅行は、前提条件となっているもの（旅行の理由、旅行先の親類関係）の提示なしで申請できる。許可はすぐに与えられる。拒否は特別な例外的事例にだけなされる。

三、東独警察、地方当局の担当者は、永久出国のビザを、現在もなお法で前提条件とされているものが提示されなくとも、遅滞なく与えるように指示されている。出国の申請は従来通り、内務省でも可能である。

四、旅行および永久出国が自由化されるのは東独から西独ならびにベルリン（西）へのすべての国境通過地点である。

五、この措置により、東独の国外公館で出していた出国許可と第三国経由の身分証明書による出国の暫定的措置は終わる。

中年層の労働時間短縮を

国民生活白書提唱　高齢者肩代わり必要

高原須美子経済企画庁長官は十日の閣議に、「人生七十万時間　ゆたかさの創造」と副題をつけた平成元年度の国民生活白書を提出、了承された。

白書は、人生八十年時代を豊かに過ごすには、三十、四十歳代に偏っている仕事時間を女性や高齢者が肩代わりする必要があると指摘、「世代間のワークシェアリング（仕事の分かち合い）」を提唱している。また、労働時間を一％短縮す

欲の減退に結びつく恐れがあるとの警鐘を二年連続して掲げている。また、今春闘で実質賃金が三・五％増と高い伸びになり、労働時間の短縮要求が重要な要求項目になった点に着目した。さらに、人生八十年時代の到来で生涯生活時間が約七十万時間になり、三十年前と比べ退職後を中心に生活時間が十三万時間も増加していると指摘している。

加えて①時間②経済③精神④空間——の四項目にわ

（「五つのポイント」11面、関連記事2面に）

東京の週間天気

11日（土）　12日（日）　13日（月）　14日（火）　15日（水）　16日（木）

東京	北東の風、晴時々曇	⑳
神奈川東	北東の風、晴時々曇	⑩
神奈川西	北東の風、晴時々曇	⑩
千葉東	北東の風、晴時々曇	⑩
千葉西	北東の風、晴時々曇	⑩
千葉南	北東の風、晴時々曇	⑩
埼玉北	北のち東の風、晴時々曇	⑩
埼玉南	北のち東の風、晴時々曇	⑩
栃木北	北の風、晴時々曇	⑩
栃木南	北の風、晴時々曇	⑩
群馬北	北日中南東の風晴時々曇	⑩
群馬南	北日中南東の風晴時々曇	⑩
茨城北		
茨城南		
静岡伊豆		
静岡東		
静岡中西		
山梨東		

読売新聞1989年11月10日夕刊1面

したものです。

テーマの一つは、「「ベルリンの壁」崩壊は東西ドイツ再統一につながるものなのか――というものでした。

私はこんな原稿を送りました。

「東ドイツ国内にとどまっている市民は、西側の一般的イメージよりも社会主義の良さを認めている人が多い。だから、資本主義国家である西ドイツとの完全な再統一を手放しで歓迎する人はむしろ少数派だ」

ワシントン特派員は、同じ問いにこう答えました。


「米国専門家の間では、今回の措置は、自由選挙の実施と、その結果ほぼ確実に訪れる東独党の政権放棄という事態の序曲であり、明らかに国家としての東独の消滅（再統合）**へつながる、との見方でほぼ共通している。再統合問題は現実化したと見てよい」**（読売新聞1989年11月10日夕刊）

今日読み返すと、見通しの正しさにおいて、ワシントンの圧勝です。なにしろ、「壁」崩壊から1年もたたない1990年10月3日に、東西ドイツは統一したのです。

現場にいた私は、大変なことが起きているということは感じとれました。でもそれを大きな図式の変動につなげる予測はできませんでした。一方で、アメリカの専門家たちは、ずばり統一を予測しました。

なぜそれが可能だったのでしょうか。アメリカは、東西冷戦時代、西側の盟主でした。世界各地で、ソ連を盟主とする東側とつばぜりあいをしていました。外交担当者も、専門家も、世界的な視野をもっていたのです。だから大きな方向性、すなわち東西ドイツ統一を、言い当てられたのだと思います。

ちなみに、西ドイツの専門家からはこうした大胆な予測は聞けなかった印象があります。「壁」崩壊の前後から、私はドイツ語の新聞や通信社のニュースを読むのが仕事になりました。そうして得た印象です。

西ドイツの専門家やジャーナリストが東西冷戦下で東西ドイツ関係について語る時、お決まりのパターンがありました。それは、単純化していえば、東西欧州の統合があってこそ、東西ドイツ統一が可能になる――というものでした。「壁」崩壊という激変に遭遇しながら、なおもこのパターンに固執することは、思い込みと言われても仕方がありません。思い込みという言葉に、否定的な意味を込めて使っています。現実に起きていることをきちんととらえられず、先行きが読めなくなるのです。

「神のマント」をつかんだ男
——コール首相

「ベルリンの壁」崩壊から11か月で、東西ドイツは統一しました。

こんなに早いとは、「壁」崩壊の直後には、ほとんど誰も予測できませんでした。

早期統一が達成された前提条件としては、西ドイツが国是として統一を掲げていたこと、その憲法がはっきりと統一を志向していたことは、忘れてはなりません。

統一のスピードが速かった大きな理由としては、東ドイツが国家としてもたなかったことも重要です。西ドイツという受け皿があったため、人口の西側への流出が止まりませんでした。東ドイツは自壊していきました。

私が強調したいのは、西ドイツの首相だったヘルムート・コールの指導力が重要だったということです。決定的に重要だったと言えるでしょう。

統一へのハードルは高かったのです。国際法の上で統一は、当事国である西ドイツと東ドイツだけでは決められなかったのです。戦勝国であるアメリカ、イギリス、フランス、ソ連の同意が必要でした。

果たしてソ連が統一を許すのか。極めて困難に見えました。東ドイツは、ソ連にとっていかなる土地だったか。大戦で多数のソ連兵士の死傷という犠牲を払って獲得した支配圏です。１９８９年当時、38万人ものソ連軍が駐留していました。

フランスとイギリスも難物でした。両国からすれば、統一すればドイツが強大化して勢力のバランスが変わることが懸念されました。

見通し不良の中で、コール首相が決断して行動に移したことは何だったか。

統一するという国家意思を一方的に宣言することだったのです。

西ドイツ政府は、1989年11月28日に、「ドイツおよび欧州の分断を克服するための10項目プログラム」を発表しました。まず「国家連合的な構造」を作って、長期的に統一するという構想を打ち出したのです。

西ドイツ政府は、「10項目プログラム」について、フランスや米国に事前に説明をしませんでした（鹿取克章『神のマントが翻るとき―東西ドイツ統一と冷戦構造の崩壊』武田ランダムハウスジャパン、2010年、90頁）。

戦後の西ドイツとフランスは和解し関係を深めてきたことは確かです。しかし、コール首相は、統一という国家の重大事に際して、フランス側の反発をかうことを恐れず、ドイツの利益を優先させたのです。

コール首相の大きな賭けでした。そしてその賭けに勝ったのです。統一への流れを既成事実化することに成功したのですから。

東ドイツで1990年3月、最初で最後の民主的選挙が行われ、コール首相の与党の姉妹政党が勝利します。東ドイツでも統一志向政権ができたのです。


残る課題は、統一への合意を取り付ける外交でした。「2プラス4」と呼ばれた、ドイツ統一問題を話し合う国際会議が開かれました。当事国である西ドイツ、東ドイツが2（ツー）、先ほどあげた戦争に勝った4か国が4（フォー）です。

この2プラス4会議は、1990年にボン、東ベルリン、パリと会議を重ねて、9月にモスクワで開催された会議で、東西ドイツの統一を認める条約「ドイツに関する最終的取り決めについての条約（2プラス4条約）」を締結します（鹿取『神のマントが翻るとき』206頁）。

西ドイツが、ついにソ連から、ドイツ統一への同意をかちとったのです。

西ドイツのコール首相、ハンス・ディートリヒ・ゲンシャー外相が、ソ連のミハイル・ゴルバチョフ書記長、エドアルド・シェワルナゼ外相と会談を重ねた成果でした。

西ドイツは、単に統一への同意を得ただけではありません。統一したドイツが北大西洋条約機構（NATO）に加わることも認めさせたのです。

ドイツにとって幸運だったのは、ソ連の最高権力者がゴルバチョフ書記長だったことです。西側諸国との関係改善に意欲を燃やしていました。

ソ連は、ドイツ統一を認める引き換えに西ドイツから経済支援も得ました。

東ドイツに駐留していた38万人は、ドイツ統一後4年間のうちに撤退することになりました（鹿取『神のマントが翻るとき』203〜205頁）。

こうして、ドイツ統一を認める国際的なお膳立ても整ったのです。

その後、ゴルバチョフの権力は長続きしませんでした。1991年には、ソ連共産党内の反対派のクーデターの試みで、一時拘束されました。ゴルバチョフが外交政策を決定できた短い期間を、西ドイツは見事に活かしたのです。

「神のマント」という言葉があります。19世紀のドイツ帝国の宰相、つまり首相を務めたビスマルクの言葉であり、コール首相が退任後に書いた回顧録で引用しました。

「神のマントが歴史の中に翻るとき、それに飛びついて摑まえなくてはならない」（鹿取『神のマントが翻るとき』17頁）

歴史的なチャンスをとらえることの重要性を表現しています。

ドイツは19世紀の半ばまで、多数の領邦が並立していました。ビスマルクがいたプロイセンという国が、中心となり、フランスとの戦争に勝って、ドイツ帝国をつくります。その経験を踏まえた言葉です。20世紀の後半に達成された東西ドイツ統一にも確かにあてはまります。

近代においては、戦争が終わったら戦勝国と敗戦国が平和条約を結ぶのがお決まりのコースです。条約は、賠償、領土などを確定させます。日本は、第2次世界大戦で敗戦し、1951年にアメリカなど戦勝国とサンフランシスコ平和条約を結びました。

ドイツも戦争に負けました。しかし平和条約は結ばれずじまいでした。

東西冷戦期は、西ドイツと東ドイツが並存していたが故に、平和条約交渉はできませんでした。ドイツを代表する国家が確定できなかったのです。西ドイツと東ドイツがそれぞれ正統性を主張していました。西側陣営と東側陣営の対立が背景にありました。

では東西ドイツの統一に際して、平和条約を結ぼうとしたのか。

コール首相は、その選択肢を取りませんでした。もし平和条約交渉をやったら、何十という国が参加して、長い時間がかかったでしょう。ソ連が解体に向かう中で、締結できるのかどうかあやぶまれたでしょう。

ドイツ人の民族感情

二つのドイツは、なぜ統一したのでしょうか。

何よりも、西ドイツの国民も、東ドイツの国民も、統一することが自然だと感じていたことが重要です。西であれ東であれ同じ民族だという意識です。大切なことですが、当たり前すぎてあまり語られないことです。

ウィリー・ブラントという西ドイツの政治家がいました。「壁」が建設された時の西ベルリン市長です。その後西ドイツの首相を務めました。「壁」が崩壊した夜、西ドイツ議会に姿を見せ、涙を浮かべながら同僚議員と抱き合いました。感動的な光景でした。

ワルター・モンパー西ベルリン市長は、「壁」崩壊の翌日、「ドイツ人は今、世界で最も幸福な民族（Volk）だ」と語りました。率直な言葉でした。

東ドイツのライプチヒでは、毎週月曜日に、デモが行われていました。共産党独裁の末期にデモが始まった頃は、「われわれこそが人民だ」というシュプレヒコールを叫んでいました。「壁」が崩壊して、共産党独裁の終わりが見えてくると、「われわれは一つの民族だ」と、早期統一を求める表現に変わりました（朝日新聞1990年3月17日）。

先ほど、当たり前すぎてあまり語られないと述べました。ドイツ民族について語られないというのは、ドイツ特有の事情も働いています。ナチスドイツが「民族」という言葉を重用しました。西ドイツは、ナチスドイツの過去を克服するというのが基本姿勢でしたか

東西ドイツの国旗を掲げてコール首相を歓迎する東ドイツ・ドレスデン市民

1989年12月19日（読売新聞）

ら、「民族」という言葉の使用にも慎重になりました。
モンパー市長にせよ、ライプチヒのデモ隊にせよ、自然な感情が吐露される時はあるのです。

コール首相は１９８９年12月、東ドイツのドレスデンを訪問しました。コール首相をひと目見ようと集まった群衆からは、首相のファーストネーム「ヘルムート、ヘルムート」の大合唱が沸き起こりました。

首相に就任して既に7年の海千山千の政治家コールが、心底から感動している様子でした。政治とは言葉で行う営みですが、時に政治家の表情や身振り手振りが真の感情を表します。

コールは、東ドイツの国民の多数派が早期統一を渇望していることを確認したのです。

勘がよく先見性を持つ政治指導者が、多数派の心情を感じ取って決断を下す時に世界史が動く――東西ドイツ統一はその一例なのです。

西ドイツのインテリの中にも、統一は急ぐべきではないという声がありました。ナチスドイツの過去を考えると、民族が早急に一つの国家になって良いのだろうかという躊躇の表示でした。

後にノーベル文学賞を受ける作家ギュンター・グラスは、1990年2月の講演でこう述べました。


「私は統一国家を拒否します。——ドイツ人の分別によってであれ、隣国の干渉によってであれ——それが成立しなければ、どんなにかほっとすることでしょう」（ギュンター・グラス著、高本研一訳『ドイツ統一問題について』中央公論社、1990年）

東ドイツのインテリのあいだにも、統一消極論がありました。SEDの一党独裁が崩れる中で、いろいろな政治的グループが生まれました。全部が統一を求めていたわけではないのです。

SED独裁については、人権を抑圧していたと批判する点では一致していました。今後については、ソ連・東欧の共産主義でもなく、西ドイツの資本主義でもなく、第3の道を行こうと志すグループもあったのです。

東西に存在したインテリの懐疑論は、早期統一のブレーキにはなりませんでした。時代が動く時、ものごとを動かす力があるのは、インテリの理想論ではないのです。

ドイツ国家のあり方

統一でできた国家の名前は、西ドイツと同じでした。ドイツ連邦共和国です。西ドイツの憲法が及ぶ地域が、東ドイツだった地域にまで及んだのです。

西ドイツの憲法は、直訳すると「基本法」という名称です。1949年に制定されました。「憲法」ではなく「基本法」という名称にしたのは、東西ドイツの分断があくまで一時的なものだという考えに基づいていました。

そして西ドイツの憲法には、西ドイツという国家を構成する州の名前が列記されていました。第2次世界大戦後の占領期に、まず州単位でドイツ人による行政が行われて、州が集まって国家を作ったのです。西ドイツは連邦国家です。

東ドイツと統一する際にも、州という単位を生かしました。東ドイツの末期、最初で最後の民主的選挙で選ばれた議会は、東ドイツに5つの州を設立しました。共産主義時代に廃止された制度を復活したのです。

西ドイツは、この東方の5州とベルリンを迎え入れる形をとって、東西ドイツ統一を完成させました。

ここまで、憲法に着目して、統一過程を説明しました。

東西ドイツの政府が統一の条件について交渉したのですが、圧倒的に西ドイツ主導でした。そして憲法に着目すれば、西ドイツが東ドイツを吸収したという、統一の本質がよく分かるのです。

西ドイツがそして今日の統一ドイツが連邦であることは、歴史に根ざしています。

18世紀末、ドイツは、300以上の領邦に分かれていました。19世紀にはいり、ナポレオン率いるフランスの影響下で、領邦は40の単位に編成されます（阿部謹也『物語 ドイツの歴史―ドイツ的とは何か』中公新書、1998年、176頁）。そして、ビスマルクのプロイセンが、1871年にドイツ帝国を成立させました。

第2次世界大戦で敗北して、連邦国家西ドイツと共産党独裁の東ドイツが並存するようになったのは、既に述べた通りです。西ドイツは、10州からなり、西ベルリンと紐帯を保っていました。

そして、東西ドイツ統一により連邦国家が東方に拡大しました。東ドイツが統一の準備作業として復活させた5州は、19世紀の政治的単位が復活したものと言えます。

ドイツの領土の範囲は、19世紀以降、変遷してきました。ドイツという国家が（第2次世界大戦後の空白はあったにせよ）続いてきたのは、ドイツ民族という共同体に、裏打ちされていたからです。言葉、文化を共有する共同体です。

その国家が州によって構成されている――これが一番無理がないあり方のようです。

このことは、今日のドイツの振る舞いを理解する上で重要です。大量の難民流入への対処で失敗した経緯を扱う「視点その4」で、具体的に説明します。

それぞれの国家の性格はしぶとい

民族と国家の関係を考えると、この約30年間で、はっきりしたことがあります。それは、民族は独自の国家を作ろうとするということです。ドイツ統一は、その傾向の起爆剤となったと言えます。

ソ連が崩壊する過程で、多くの民族が固有の国家として独立していきました。

先進国における民族の独立運動もあります。イギリスの中のスコットランド、スペインの中のカタルーニャがすぐに思い浮かびます。そのどちらも、国家の中で、少数派の民族が広範な自治の権利を与えられています。それでも独立しようという運動が続いています。

国家というものはよほど魅力があるようです。

それぞれの国家、それぞれの民族に事情があって、一つの民族が一つの国家を作るという訳にはいきません。

ドイツ人は、一つのネーション・ステートを復活できたという意味で、まことに幸福な民族なのです。

そのドイツにももちろんいろいろな民族が住み、その多くはドイツ国籍を有しています。それでも主流派の民族に着目する意味はあります。多数派民族の歴史が、国家の性格を形作っているからです。ドイツの場合は、ドイツ民族の歴史が連邦という国家の性格を形成しているのです。

今日、世界を読む上で重要なのは、それぞれの国家の性格です。新たな激動期に、それぞれの国家の性格がしぶとく自己主張しているのですから。

スコットランドとカタルーニャでは独立運動が続いている

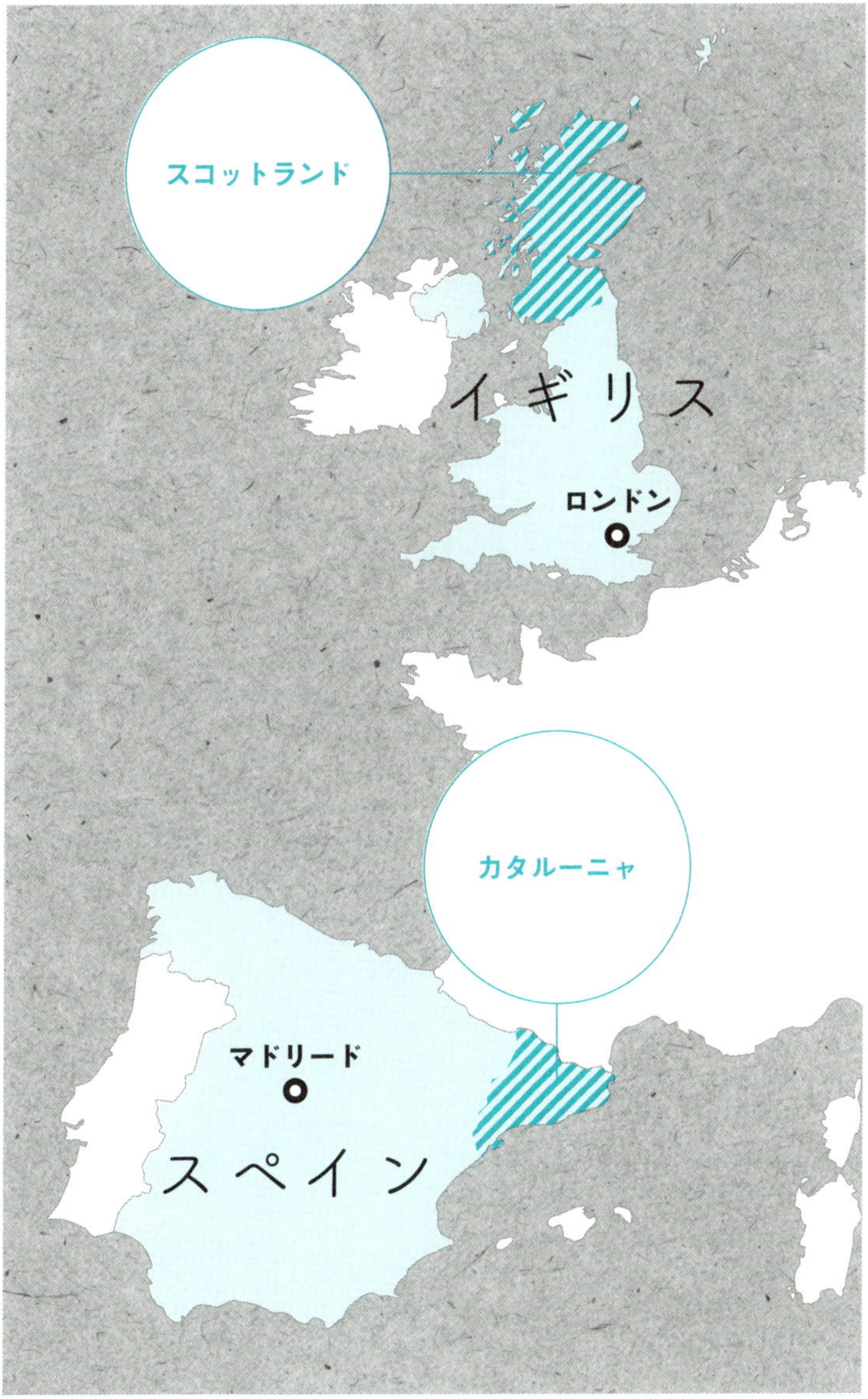

視点 その3

激動期にこそ各国の性格が現れる

イギリスのEU離脱とトランプ当選

イギリスとアメリカ。アングロサクソンの両国には共通点が多い。それぞれグローバル化に逆行する動きをとっていることも偶然ではない。世界史の中で大きな役割を果たしてきた英米の動きを注視することは、世界全体の動きを占うためにも重要だ。

この章では、イギリスのEU離脱問題とアメリカのトランプ大統領登場を主に扱います。どちらも、2016年に世界を驚かせ、そして21世紀の世界に大きな影響を与える出来事です。

アメリカもイギリスも、政治指導者は、かつて「偉大」だった時代の集団記憶をバネに国家を動かそうとしています。

日本にとって重要なアングロサクソンの英米

ここでは、アメリカとイギリスを合わせて「アングロサクソン」と呼びます。アングロサクソンの両国が軌道を変えたことは、世界にとって、そしてわたしたち日本人にとって重要な出来事です。

幕末・明治維新から日本は、様々な国の思惑や利害が錯綜する国際情勢の中で生きてきました。アングロサクソンと手を組んだ時期は、成功した時代だったと言えます。日露戦争の時は、英国と同盟を結んでいました。

日本がドイツ、イタリアと同盟を結んで、アメリカ、イギリスと戦った第2次世界大戦は大失敗でした。敗戦後の日本は、アメリカによる占領を経てアメリカの同盟国になり、今日に至っています。

イギリスとアメリカの利害が食い違うことはもちろんあったのです。それでも、アングロサクソンとひとまとめにして、この両国との付き合い方を考えることには意味があります。それを痛切に感じたのは、東日本大震災の際でした。

地震、津波、原子力発電所の事故という三重の大災害でした。

東京電力福島第一原発から放射性物質が流出する状況の中で、東京に大使館を置く各国が対応を迫られました。

ドイツなどいくつかの国は、東京に置いてある自分の国の大使館を一時的に閉鎖しました。関西の領事館に拠点を移したのです。ドイツでは福島第一原発の事故について扇情的な報道があふれかえっており、世論の強い圧力には抗しきれなかったのでしょう。

アメリカは、米軍機などで、原子炉の状況についてデータを集め日本政府に提供しました。

イギリスは、政府首席科学顧問が事故関連の情報を分析し、リスクを評価して、公表しました。それに基づき、在東京の英国大使館を閉鎖しませんでした。それどころか、イギリスは近隣諸国に駐在していたスタッフを集めて、東京の大使館を増強したのです。

重要なのは、アメリカ人やイギリス人が日本人に対する同情だけで行動したのではないことです。情報収集と分析を重視し、パニックに陥らずに行動することができる、そういう伝統の発露だったことです。

イギリス、アメリカはやはり似ている

イギリスとアメリカには、共通点が多くあります。19世紀から20世紀初頭にかけて、世界で最も影響力があったのはイギリスでした。第1次世界大戦を契機に、アメリカが台頭します。第2次大戦を経て、アメリカが自他共に許す西側世界の盟主となります。

両国とも海洋国家です。すなわち、世界で通用すべきルールとして航行の自由を重視します。

近代から今日に至るまで、自国の存続が危うくなるような敗戦は経験していません。国体（Constitution）の一貫性も共通しています。

イギリスには、近代的な成文憲法はなく、17世紀の「権利の章典」などの歴史的諸文書と慣例をもって、国体を形作ってきました。アメリカは、18世紀末に制定された憲法を修正しながら守ってきました。

哲学の分野をとっても、英米では経験論、プラグマ

日本・イギリス・アメリカの人口構成

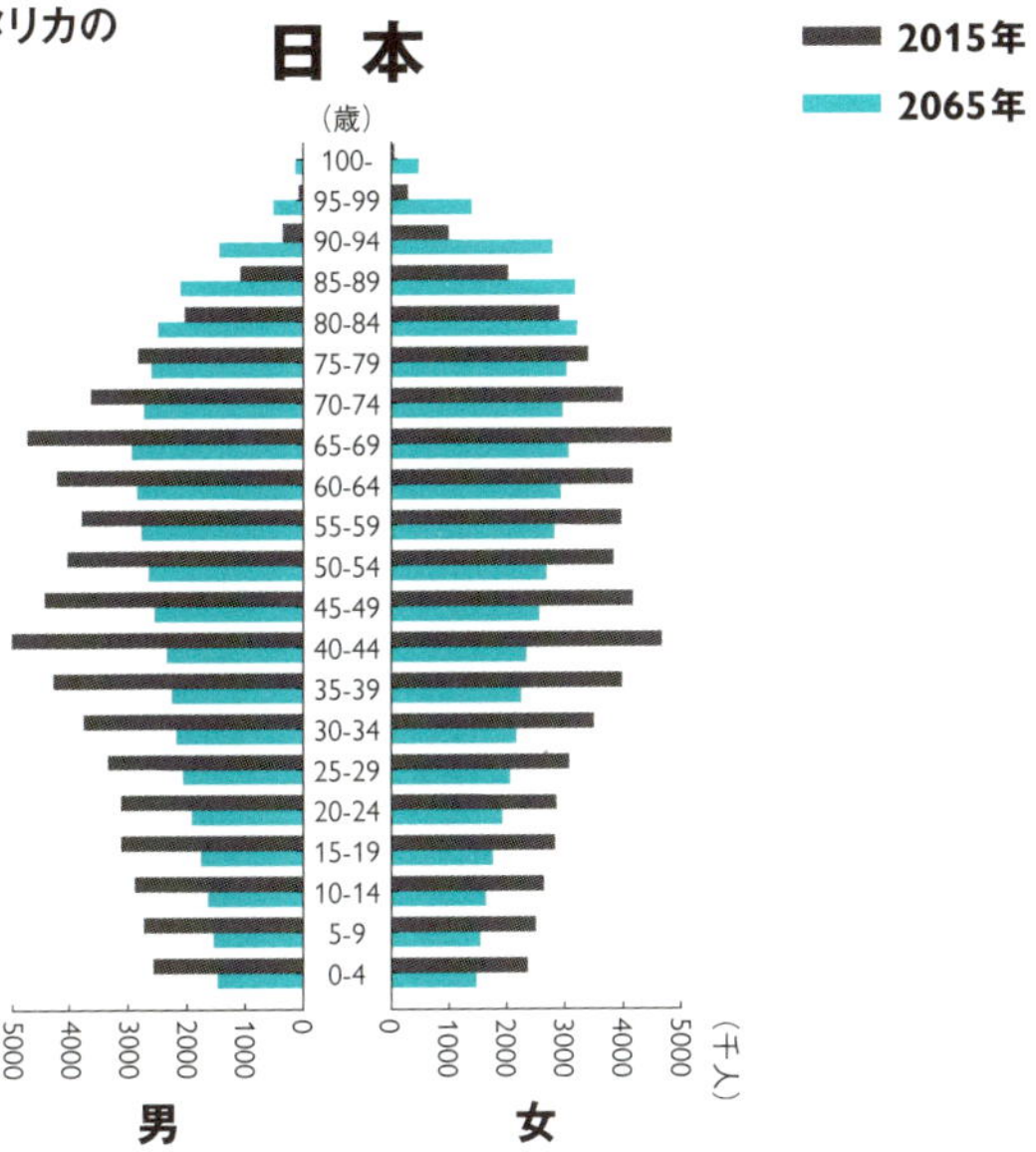

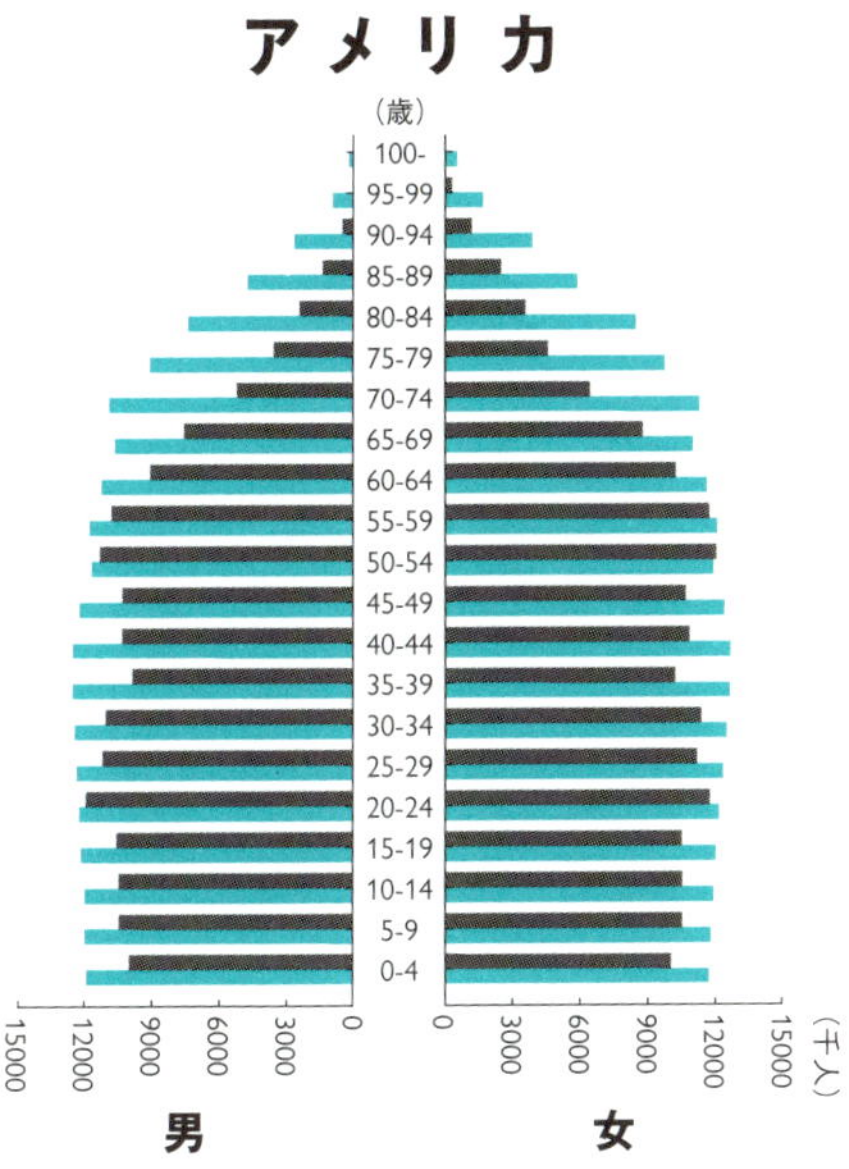

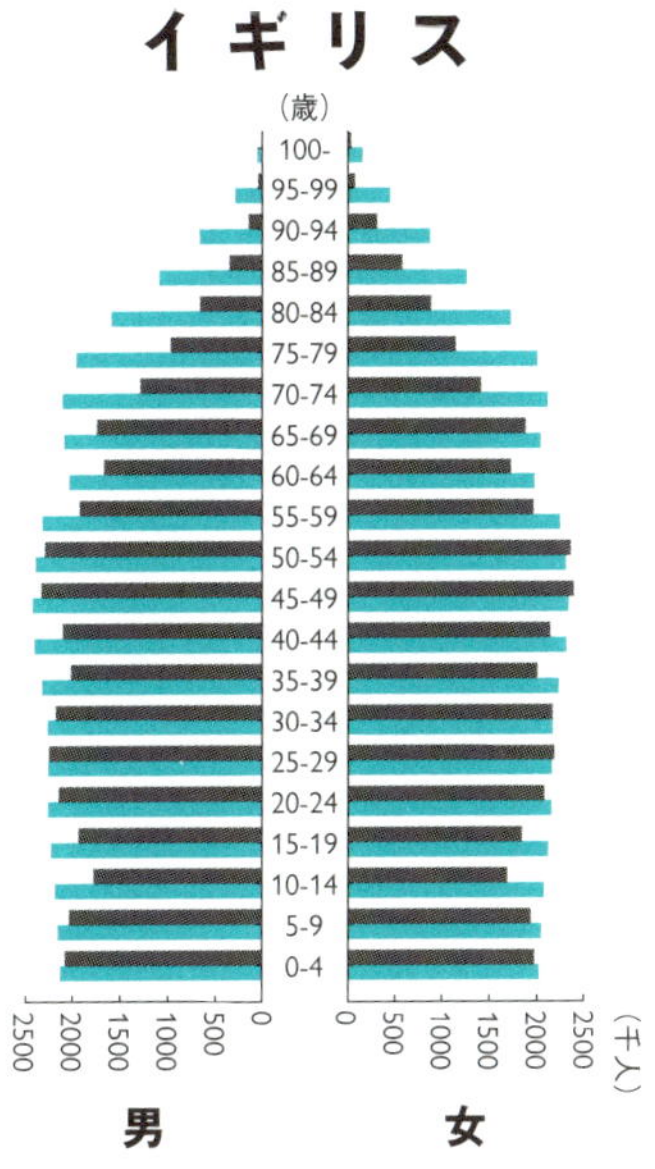

日本：国立社会保障・人口問題研究所調べ
アメリカ、イギリス：国連の人口推計資料から

ティズムが主流です。ヘーゲルのような観念論を産んだ欧州大陸とは伝統が異なります。

以上は、歴史にかかわる話です。今日のイギリス、アメリカにも共通点があります。

アメリカ、イギリスともに金融分野が経済の柱です。ニューヨークとロンドンは、世界の2大金融センターです。

アメリカはCIA、イギリスはMI6という、強力な情報機関を持っています。情報分野での協力は伝統的に密です。

アメリカ、イギリスは共に人口の増加が続いています。日本とイギリスの人口を比較すると、日本が約1億2700万人（読売中高生新聞2017年4月21日付）、イギリスは、約6500万人（共同通信社『世界年鑑2017』）ですが、21世紀の後半には逆転するという推計もあります（ただし、この推計は、イギリスのEU離脱の影響を考慮していません）。

むろん、英語の国であるというのも忘れてはならない点です。

インターネットの普及により、世界共通語としての英語の地位は、高まるばかりです。英語が母語である両国の国民は、インターネット時代でスタート地点から有利です。

インターネットで使われる英語は、いわば道具としての英語です。英語は、単なる道具ではなくて、日常会話、文学作品など多層からなっています。イギリス、アメリカは、こうした英語の宝庫を有しています。

以上、アメリカとイギリスの共通点をおさえました。ここからはそれぞれの国家についてみていきましょう。

トランプ当選の理由

トランプ大統領登場が持つ意義について論じる際には、二つの観点から考える必要があります。

一つは、なぜトランプが当選したか、です。

もう一つは、大統領に就任して何をしているか、です。

後者、すなわち大統領の仕事ぶりのうち外交安保分野、特に東アジアにかかわる部分は、後の章で扱いま

メキシコ国境沿いの壁の建設を命じる大統領令に署名するトランプ

2017年1月25日、米ワシントンの国土安全保障省で（AP／アフロ）

す。

なぜ当選したかという点と、就任してからの行動は結び付いています。選挙で特定の支持者をがっちりつかんだという手ごたえがあり、その支持者たちへの約束を果たそうとしているのです。大統領になったから、幅広い支持を得ようというのではないのです。

大統領就任直後に、環太平洋経済連携協定（ＴＰＰ）から離脱するという大統領令に署名しました。

不法移民を阻むという目的でメキシコとの国境に壁を建設しようとしていますが、これも議会が予算を認めるか否かで、難航しています。

「テロ懸念国」７か国からの入国を一時禁止するという大統領令については、各地の裁判所が憲法違反との判断を出しました。最終的には、連邦憲法裁が判断します。

気候変動対策の国際的取り決めであるパリ協定から脱退すると表明し、他の締約国を失望させました。

アメリカの大統領は、議会、司法のチェックを受けるという仕組みが働いています。大統領といえども、好き勝手はできないのです。

トランプ支持層とトランプに批判的な層の対立図式は、基本的に変わっていません。この対立は、単に一人の政治家への好悪にとどまらず、アメリカが抱える深刻な分断と言えます。

この分断は、トランプ個人の今後の命運にかかわらず、アメリカの針路に影響を与え続けるでしょう。

主流派にうけたスローガン「アメリカを再び偉大にしよう」

「アメリカを再び偉大にしよう」

トランプが選挙戦で繰り返したスローガンです。２０１７年1月の就任演説でも締めの文句は、「われわれはアメリカを再び偉大にする」でした。

「再び」というのですから、かつては偉大だったのに今ではそれほど偉大でなくなっているという含意があります。

アメリカとメキシコの国境（全長3200キロ）はどうなっているのか

国境に関するデータ	
地形	砂漠／丘陵　標高500～1000m 山岳地帯　標高1000～2400m リオグランデ川と森林、荒地
全長	約3200km
柵（フェンス）の設置区間	計約1100km
歩行者侵入防止柵の高さ	4.5～6m
車侵入防止柵の高さ	2～3m
国境通行可能ポイント	48か所
国境隣接都市（ツイン・シティー）	16組

州境
国境
歩行者侵入防止柵
車侵入防止柵
何もなし
森林
山、丘陵
砂漠

読売新聞2017年3月3日のイラストをもとに作成

いつの時代のアメリカが一番偉大だったと特定はしていません。

注目すべきなのは、「アメリカを再び偉大にしよう」というスローガンに共鳴する人々が多いということです。だからこそトランプは当選できたのです。

トランプ支持層については、白人でグローバル化の恩恵にあずかれなかった人々というとらえ方が一般的です。

ただ、経済的な観点からだけではとらえきれません。

白人の共和党支持者の中で、トランプに好感を持つ有権者の所得は、反感を持つ有権者よりも高いという調査もあります。みずほ総合研究所欧米調査部部長の安井明彦さんの「米国の所得格差と2016年の大統領選挙」という論文（日本国際問題研究所『米国の対外政策に影響を与える国内的諸要因』2017年、第3章）で知りました。

安井さんは、各種世論調査を分析して、ト

ランプ支持層の特徴を次のように指摘しています。

> トランプ大統領への好感度が高い支持者が住んでいるコミュニティは、子世代が親世代よりも高い所得階層に移動できる可能性が低い地域と一致する。（中略）ピュー・リサーチ・センターの世論調査では、トランプ支持者の7割近くが、「次の世代の暮らしは今よりも悪くなる」と答えている。クリントン支持者の場合は、「悪くなる」との回答は3割に過ぎず、4割弱は「良くなる」と答えていた。
>
> 「どのような家庭に生まれたとしても、努力を怠りさえしなければ、将来の世代は今よりも良い暮らしができる」というのは、アメリカン・ドリームの中核となる考え方である。意図していたかどうかは別にして、「もう一度アメリカを偉大な国にする」というトランプ大統領のスローガンは、そうした「ドリーム」への信頼を失った有権者の琴線に触れる呼びかけだったのかもしれない。

トランプ大統領支持層の特徴を考える上では、次世代の経済的展望の暗さに加えて、アメリカ内の文化的摩擦にも目を配ることが必要です。

キーワードは「ポリティカル・コレクトネス」

キーワードは「ポリティカル・コレクトネス」です。少数者に対する差別や偏見が含まれていない言動を意味します。

トランプは、「ポリティカル・コレクトネス」に真っ向からさからいました。この点で、きわめて異例の大統領候補だったのです。

アメリカの新聞「ワシントン・ポスト」の取材班が、トランプ氏が共和党候補に選ばれるまでを描いた本があります。邦訳が出版されています（著者：ワシントン・ポスト取材班、マイケル・クラニッシュ、マーク・フィッシャー、訳者：野中香方子、池村千秋、鈴木恵、土方奈美、森嶋マリ『トランプ』文藝春秋、２０１６年）。

この本から引用します。共和党の指名を争う候補者たちによるテレビ討論会の一コマです。

その晩最も手ごわい質問は、メギン・ケリー**から来た。なぜ女性を「太った豚だの、犬だの、デブだの、不愉快な動物だの」と呼ぶのか、説明を求められたのだ。**(中略)**まじめに答えてほしいと要求されると、「この国の持つ大きな問題は、政治的に正しい言葉づかいというやつだと思う」と述べた。**(『トランプ』、436頁)

2016年の共和党の候補指名が確実な情勢になると、駄目押しのようにこんな発言をしました。

「政治的に正しい口のきき方など拒否する。俺は正しいことをしたいんだ。ものごとを正したいんだ。アメリカを再び偉大な国にしたいんだ」(『トランプ』、458頁)

トランプが、メキシコ系移民やイスラム教徒を対象にした差別的発言をしたり、女性蔑視と受け止められる過去の言動が暴露されたりしたのは記憶に新しいところです。

それでもトランプは大統領になれました。

一つの大きな要因は、「ポリティカル・コレクトネス」が行き過ぎているという不満がわだかまっていて、トランプがその不満の受け皿になったのです。

こうした事情については、帝京大学准教授の藤本龍児さんが、「トランプ支持者のアメリカ観：『移民の国』をめぐる文化戦争」というレポートで、鮮やかに解き明かしています。2017年3月31日付のこのレポートは、日本国際問題研究所のサイトで読みました。

藤本さんの論を私なりに言葉を加えてまとめると以下のようになります。

アメリカを様々な野菜がのったサラダボウルに喩える考え方がある。アメリカは、移民がそれぞれの民族の特性を持ったまま混在する国家であるという意味だ。

このサラダボウル論は、多様な文化を尊重しながらも、国民に共有された文化があるという考え方だ。「サラダボウル」は西洋の伝統文化というのが前提だ。

> 黒人が白人と平等な権利を求めた１９６０年代の公民権運動の頃は、このサラダボウル論が受け入れられた。
>
> １９８０年代から、これとは異なる「多文化主義」が台頭してきた。この場合の「文化」には、民族の文化だけでなく、女性や同性愛者などの文化も含まれる。多文化主義は、西洋の文化を、アメリカの統合の土台として認めない。少数派の文化を、公的な領域で承認せよと主張する。

ポリティカル・コレクトネスは、多文化主義の興隆とともに、力を増しました。時に、主流であるはずの西洋文化を重視する発言をすると、ポリティカル・コレクトネスに反していると批判されるようになりました。それで西洋文化を背景に持つ白人は、次第に肩身の狭い思いをするようになったのです。

青山学院大学教授の会田弘継さんが、多文化主義がもたらすあつれきについて、例をあげて説明しています。以下はその大意です。

> アメリカでは、性的マイノリティーに配慮して男女のトイレを区別すべきではないという主張が強くなっている。グローバル化された世界の中で経済を動かす富裕層にとっては、進歩的で素晴らしいことだけれど、取り残された人たちにとっては、「なぜ男女の区別をなくすのか、意味がわからない」。多文化主義を迫っている人たちが、自分たちが慣れ親しんだ秩序を壊していると受けとる。
>
> （杉田弘毅監修『入門　トランプ政権』共同通信社、２０１６年、26～28頁）

トランプ大統領誕生につながったのは、中間層の所得が伸び悩み、格差が拡大したという経済的要因だけではないのです。アメリカで進行している文化を巡る対立が重要なのです。

「サラダボウル」というアメリカのお国柄が崩れかねないという危機意識がトランプ当選につながったのです。

トランプが過去に女性に関して差別的な発言をしたと報じられました。しかし、ポリティカル・コレクトネスにうんざりしているトランプ支持者にとっては、むしろトランプへの好感を強める効果があったのかも知れません。

Brexit（イギリスのEU離脱）

イギリスのEU離脱に話を移します。

2016年に、イギリスは、EU残留か離脱かを問う国民投票を行い、離脱が多数となりました。これによりEU離脱方針が決まり、2017年3月に、イギリスはEUに対して離脱を通知しました。

それで即、メンバー国でなくなったわけではなく、離脱に伴う取り決めを交渉中です。原則的には、離脱通知から2年間で、離脱となります。全加盟国が賛成すれば、交渉期間を延長できます。

イギリスのテリーザ・メイ首相は2017年3月28日、イギリスが離脱するとEUに通知する書簡に署名しました。その写真が翌日の新聞に載りました。首相は、象徴的な写真を、積極的にマスコミに出したのです。

EUは2007年、リスボン条約と呼ばれる新たな基本条約を締結しました。リスボンで加盟国の首脳たちがカメラマンを前にサインしました。当時のイギリスの首相だったゴードン・ブラウンはその場にいませんでした。

EUの条約に署名する写真は、多くのイギリス国民から反感をかうと予想されたからでした。

EUが進める統合からいかにイギリスは距離を置くか――これが1990年代以降の歴代イギリス首相の課題でした。

キャメロン首相は、国民投票の前に、EUを相手に懸命の努力をしました。

2016年2月の首脳会議では、かなりの成果を得ました。

イギリスは、EUの政治統合に加わらなくてもよい。EU基本条約は「常に緊密となる連合」をうたっているが、イギリスはその対象外とする。イギリスはユーロを導入しない。ユーロ圏で経済危機が起きても、イギリスは支援のための負担をしない。

こうして見ると、もしイギリスがEU離脱を決めず

イギリスのEU離脱を正式通知する文書に署名するメイ首相

2017年3月28日、ロンドンの英首相官邸で（ロイター／アフロ）

に、残留することになっていたら、ＥＵ内で特殊な地位を占めていただろうと分かります。他の加盟国から距離を置いていたはずです。

キャメロンは、国民投票では残留を主張して敗北しました。このため首相を辞めざるを得なくなりました。残念だったでしょう。しかし、ＥＵの諸国から距離を置こうとした点では、キャメロンも離脱派も同じだったと言えるのです。

エリートと大衆迎合的政党の連合

国民投票で離脱を主張した勢力には、二つの核がありました。

一つは、与党・保守党の中で離脱を主張していた議員たちです。最も目立ったのが、ボリス・ジョンソンです。国民投票の前月まで、ロンドン市長でしたが、メイ政権では外相を務めています。

もう一つは、大衆迎合的な政党、英国独立党です。もっぱらイギリスのＥＵ離脱を主張する政党で、下院には1議席しか有していませんでした。難民受入れが治安悪化につながると強調するなど、感情に訴える手法が特徴でした。英国独立党は、国民投票で離脱という結果が出たことで使命を終えた観があります。

この章では、イギリスの主要政党である保守党の発想に焦点をあてます。

国民投票で、離脱が多数になったという事実は重いのです。保守党の中には、国民投票の前には、残留を主張した議員も多かったのですが、国民投票後は、離脱を遂行するという姿勢をとっています。メイもその一人です。

国民投票後、保守党はＥＵ離脱で「主権」が取り戻せる点を強調しています。自分たちの国の政治は自分たちで決める、ということです。

国民投票の際には、移民流入の制限が特に争点となりました。ＥＵの一員である限り、他の加盟国からの移民は制限できません。それがＥＵのルールです。離脱すれば、主権国家として移民入国をコントロールできます。

保守党は、ＥＵ離脱によって欧州司法裁判所（ＥＣＪ）の管轄から脱するという点も重視しています。欧州司法裁判所はいわばＥＵの法の番人です。

欧州司法裁判所は、ＥＵ内のビジネスに影響を及ぼす判決も下します。ＥＵのルールの解釈が割れた場合、この裁判所に判断を求めることができるからです。

２０１４年5月には、加盟国の裁判所からの要請に基づき、いわゆる「忘れられる権利」に関して判断を示しました。その趣旨は、加盟国の裁判所はＥＵのルールに基づいて、グーグルに対し特定情報の削除を命じることができるというものでした。

英国の議会のみが英国の法律を制定する。英国の裁判所が法律を解釈する。保守党はそうした簡明さを取り戻したいのです。

メイ首相の失敗

メイ首相は２０１７年1月17日、ＥＵ離脱の基本方針に関して演説しました。

「ＥＵの準加盟国の地位は求めない」「（ＥＵに）半分残って、半分出るというようなことはしない」と強調しました。

「単一市場」という経済用語を使って、「私の提案は、単一市場のメンバーでいることを意味しない」と明言しました。

ＥＵは、域内での国境を越えたヒト、モノ、資本、サービスの流れを自由化してきました。ＥＵは単一市場を形成しているのです。「ヒト、モノ、資本、サービスの移動の自由は一体だ」というのが、ＥＵの大原則です。

つまり、ヒトの流れを制限するならば、モノの自由な往来を享受できない。具体的に言えば、ＥＵ加盟国からの移民流入を制限するならば、単一市場の自由貿易には参加できないというわけです。

ＥＵの加盟国ではないけれど単一市場には参加している国もあります。ノルウェーです。ノルウェーは、ＥＵの原則を受け入れ、ＥＵからの移民を制限していません。メイ首相の発言は、ノルウェーのような準加盟国の地位は目指さないという意味です。

ＥＵから抜ける、単一市場からも抜ける。メイ首相の選択は、「強硬離脱（hard Brexit）」と表現されました。

メイは、イギリスが「偉大でグローバルな貿易国家」を目指すとぶち上げました。

ＥＵから抜けＥＵと自由貿易協定を結び、世界の様々な国とも自由貿易協定を結ぶ――というバラ色の未来を描いて見せたのです。

メイは２０１７年4月、２０２０年に予定されていた総選挙の前倒しを決めました。保守党の議席を上積みして、対ＥＵ交渉の足場を固めることが狙いでした。

4月の時点での世論調査では、保守党は労働党を約20ポイントという大差でリードしていました。保守党の楽勝と思われました。

ところが6月の総選挙では、保守党は第1党の座は守ったものの、議席を減らし過半数を割り込んでしまったのです。労働党は議席を伸ばしました。

理由はメイの過信による失策です。

マニフェスト（選挙公約）には当然、ＥＵからの強硬離脱の方針が盛り込まれました。

問題になったのは、社会福祉分野の公約でした。メイ首相は高齢者の介護に関して、自己負担増を盛り込んだのです。保守党の支持層である高齢者が反発しました。

ここまでならまだ傷は浅かったかも知れません。メイがあわてて、この公約を修正したために、一貫性が欠けるとの批判が盛り上がったのです。メイは「Uターンの女王」と揶揄されました。

この総選挙で事実上の敗北を喫したことで、メイは肝心の強硬離脱への支持も得られずじまいでした。

労働党は、EU離脱は支持していますが、EU単一市場との関係はできるだけ維持すべきだとの主張をしていました。

戻りたい過去はどこにあるのか？大英帝国か？

保守党と労働党が目指す方向の違いを、イギリスの過去への態度の取り方から考えてみたいと思います。

保守党は、地球儀をにらんで、イギリスの利益を極大化するにはどうすればよいか戦略を練り行動する──そういう外交を志向する傾向が強いのです。その原動力は、大英帝国の記憶、経験の蓄積でしょう。

ジョンソン外相が典型です。ジャーナリスト出身で、国民投票に際しては、保守党内の離脱派の中心人物でした。

オックスフォード大学で、ラテン語の古典を研究した秀才で、政治家になってからもウィンストン・チャーチルに関する著作を書くなど、なかなかのインテリです。

ジョンソンは、国民投票で離脱を求める立場を明らかにした新聞寄稿でこんなことを書いていました。

離脱することになれば、多くの貿易協定を早急に締結する必要が生じるが、どうしてできないはずがあろうか。「われわれはかつて史上最大の植民地を経営したのだ」

乱暴な論理ではあります。ただ、こうした言い方は、イギリス人の持っている自信感に訴える面があります。

大英帝国がいつ終焉したかについては、「帝国の宝石」と呼ばれた植民地インドが独立した１９４７年とする説があります。また、イギリスがフランスと組んで、エジプトのスエズ運河国有化を阻止しようとして失敗した、１９５６年の第２次中東戦争を挙げる場合もあります。

20世紀初頭の「大英帝国」

いずれにせよ60年以上前の出来事です。しかし、国民の集団記憶の中に生きている過去です。

英連邦という連合体があります。英国とかつての植民地だった諸国で構成し、インドなど50か国以上が加盟しています。2年に1度首脳会議を開きます。英連邦のスポーツ大会もあります。エリザベス女王の重要な仕事の一つが、英連邦加盟国を訪問することです。

こうしてイギリスは、旧植民地と関係を維持してきたのです。

イギリスの対外関係は3つの円からなると表現されます。

▼アメリカ
▼英連邦
▼欧州

EU離脱によって3番目の欧州との関係は変化します。保守党には、アメリカとの「特別な関係」、英連邦諸国との関係を活かそうという志向があります。

中国との関係を深めようとするのか否かも要注意です。キャメロン政権がすでに、中国主導の国際金融機関、アジアインフラ投資銀行（AIIB）の設立メンバーになりました。イギリス内の原発建設に中国の資金、技術を導入することも決めました。

労働党は、どこへ戻る？

2017年6月の総選挙での労働党の主張を見れば、英外交の3つの円のうち、欧州をより重視していました。

保守党は大英帝国の全盛期である19世紀に深く根ざした政党です。これに対して労働党は1900年に誕生した政党です。第1次世界大戦と第2次大戦の間に初めて政権を担当しており、大英帝国時代とけっして無縁ではないのです。第2次大戦中は、保守党のチャーチル首相の挙国一致内閣に参加しました。

第2次大戦後、労働党政権が「揺りかごから墓場まで」といわれた福祉国家作りを進めました。

戦後は、保守党と労働党が交互に政権を担当する2大政党時代です。

２０１７年６月の総選挙で興味深かったのは、労働党が保守党とは別の意味で、先祖返りしたことです。

そもそもコービン労働党党首が、１９８０年代から甦ったような人物でした。

労働党は１９９７年にトニー・ブレアを擁して政権を奪還しました。ブレアの後任が、ブラウンです。ブレア、ブラウン氏の掲げた看板は「新しい労働党」でした。社会主義から決別し市場経済を重視する路線です。

コービンは、この「新しい労働党」の中で、非主流派として社会主義の理想を堅持する存在で、閣僚ポストなど重責から遠ざけられていました。

「新しい労働党」が、２０１０年、２０１５年の総選挙で続けて敗れた後、草の根の党員の支持を受けて党首に就任しました。

２０１７年６月の総選挙で掲げた公約は、鉄道再国有化、大学授業料の無料化、高額所得者への課税強化など、１９８０年代以前の路線に復帰するかのような内容が並びました。

こうした公約が若年層から支持されたことが労働党の伸長につながりました。イギリス経済は、１９７０年代に「英国病」といわれる苦境に陥り、１９７９年に就任したサッチャー首相の改革によって立ち直りました。サッチャー改革の柱の一つは、国営企業の民営化でした。

「英国病」時代の経験がない今日の若者の耳には、コービン氏の主張が新鮮に響くのでしょう。

ＥＵ離脱は短期的にはマイナス。長期的には？

イギリスにとってＥＵ離脱は、プラスなのかマイナスなのか。

この問いは、短期的と長期的と、二つの視点で考える必要があります。短期的とは、ここ数年の時間幅です。長期的とは、数十年の幅です。

２０１９年には、イギリスはＥＵのメンバーでなくなってしまいます。正確に言えば、全ての加盟国が同意すれば、この交渉期間を延長できます。

イギリスがＥＵと新たな関係を築くために結ぼうと

している取り決めは、主なものだけ挙げれば、「離脱協定」「自由貿易協定」があります。

「離脱協定」は、イギリスに住むEU加盟国国民、EU加盟国に住むイギリス国民の在留資格などを定めます。これは早急に決めなければ、実際に住んでいる人々が困ります。

イギリスの輸出の4割以上は、EU加盟国向けです。イギリス経済にとっては、EUとの貿易が極めて重要です。

しかし、自由貿易協定が、2年間で締結できると見ている専門家はほぼ皆無です。これまで世界各国が行ってきた自由貿易協定交渉の経験から、もっと時間がかかることは確実なのです。

2年間の期限が迫る。交渉は妥結にほど遠い。そういう状況になることが容易に想像できます。

イギリスとEUが、何らかの暫定的な移行措置で合意して、交渉のための時間を稼げるのか。

そうしないと、イギリスは主要な交易相手であるEUとの間で、貿易に関する取り決めなし、ということになります。世界貿易機関（WTO）のルールに基づいて貿易するしかありません。

モノの貿易と並んで、金融分野での交渉も重要です。金融はイギリス経済の柱です。

ロンドンは世界的な金融センターです。

EUには、金融パスポートという制度があります。ある金融機関が、EU加盟国のどこかで、金融取引を行う資格を取得すれば、EU域内で活動できるというものです。イギリスがこの制度にとどまることは難しそうです。

これまでイギリスを拠点としてきた金融機関にとっては困る事態です。金融パスポートを代替する制度を、新たにイギリスとEUの間で設けられるのかは不透明です。

以上見てきたように、これから数年間に起きることは、確実な予測ができないことが多いのです。

イギリスに進出している企業の中には、こうした不確実性を嫌って、拠点を別の国に移す動きが出ています。

短期的にはEU離脱はイギリス経済にとって、マイナスになりそうです。

イギリスがやろうとすることは、マイナスを極小化することです。それがどこまでうまくいくか。鍵を握るのは、ＥＵの経済大国であるドイツの動向です。

イギリスとＥＵが喧嘩別れすれば、イギリスが苦境に陥るだけでなく、ＥＵ側も、国別、分野別に見れば損害を被ります。

例えば、イギリスはドイツにとって重要な自動車の輸出先です。ドイツにとっても、ＥＵとイギリスの経済関係を円滑に保つほうがよいのです。

スコットランド独立運動と北アイルランド紛争

イギリスのアキレス腱と言えるのが、スコットランドと北アイルランドの民族運動です。

イギリスの正式名称は、「グレートブリテン及び北アイルランド連合王国」です。スコットランドは、かつて独立王国でした。17世紀にイングランドと同君連合となり、１７０７年に合体しました。

スコットランドのイギリスからの独立を目指す「スコットランド民族党」は１９３４年に結成されています。

イギリスのブレア首相は、スコットランド独立運動を鎮静化させようと、自治権を与えます。スコットランドが独自の自治議会、自治政府を持つこと、教育、住宅の政策決定権など広範な自治を認めたのです。

ところが、独立運動は鎮静化するどころかますます盛んになり、２００７年の自治議会選挙でスコットランド民族党が第一党になります。

ここが、現代欧州の民族運動の特徴です。文化面で民族の一体性が保証されるだけでは満足しないのです。国家を作ろうとするのです。そして「寄らば大樹の陰」とばかりに、ＥＵに加盟しようとするのです。

スコットランド独立を回避したいキャメロン首相は、住民投票で決着をつけようとしました。それで、２０１４年9月にスコットランドでは、イギリスから独立するか否かを問う住民投票が行われたのです。結果は、反対が55%、賛成が45%で、現状が維持されました。

これで一件落着したはずでしたが、イギリスのＥＵ

離脱決定のために、そうはいかなくなりました。スコットランド民族党に言わせれば、住民投票は、イギリスがEUの一員であるという前提の下に行われたのに、その前提が変わった、従って再びスコットランド住民の意思を聞くべきであるというのです。スコットランド自治政府のニコラ・スタージョン首相は、再び住民投票実施を目指す方針を表明しています。

北アイルランドの問題は、スコットランドと異なり流血を伴いました。

アイルランドは、イングランドによる植民地支配を経て、1801年にイギリスに併合されました。アイルランドの主な宗教はカトリックです。言語の面では英語化が進みましたが、宗派の違いは残りました。

19世紀後半からアイルランド独立運動が盛んになり、第1次大戦中の武装蜂起や戦後の独立戦争を経て1937年に独立しました。

北アイルランドだけが英国領にとどまりました。北アイルランドは、英国に帰属意識を持つ「プロテスタント系住民」のほうが、アイルランドに帰属意識を持つ「カトリック系住民」より多かったのです。

北アイルランドのカトリック系住民は、英国からの分離とアイルランドとの統一を求める願望が強く、第2次世界大戦後もテロにうったえる過激派組織が活動を続けました。

1998年には、北アイルランドのカトリック系組織、プロテスタント系組織が和平合意を結びました。イギリス政府、アイルランド政府も合意に参画しました。その後はおおむね平和な状態が続いています。

イギリスがEUから離脱すると、アイルランドと北アイルランドの間の国境は、EUと域外を分ける境界となります。もし国境検査強化など両者を分け隔てる措置がとられれば、北アイルランド住民が強い不満を抱き、紛争の再燃につながりかねません。

これもBrexitの不安材料の一つです。

ポスト・トゥルース

イギリスのEU離脱を決めた国民投票、アメリカ大統領選でのトランプ当選が大きなニュースとなった

2016年、オックスフォード大学出版局は、この年に注目された言葉として、post-truth（ポスト・トゥルース）を選びました。訳語としては、「ポスト真実」「事実後」があります。

オックスフォード英語辞典では、「世論形成において、客観的な事実が、感情や個人的信念への訴えかけよりも、影響力が小さい」状況を指すと定義しています（日本経済新聞2016年11月24日）。

イギリスの国民投票で、離脱派の活動家が、「イギリスはEUに毎週3億5000万ポンドも支払っている」「EUから離脱すればこのカネは医療サービスに回せる」と主張しました。実際には、EUから各種補助金としてイギリスに入っているカネもあるので、この主張は、正しくありません。当の離脱派運動家が、国民投票の後で、あっさりと撤回しました。

アメリカの大統領選でフェイクニュースが話題となりました。特定の候補に有利な情報を、ニュースの形で、それは本当はでっちあげなのですが、フェイスブックを通じて流布させたのです。「ローマ法王がトランプを支持」というのが典型的なでっちあげでした。

トランプは、大統領就任後も、ポスト・トゥルースを地で行く発言を続けています。

大統領就任式で集まった観衆の人数について、「史上最多だった」とツイッターで発信しました。写真で比較すると、オバマ大統領就任式のほうが多かったのは明らかです。

アングロサクソンの調整期は、日本人にとって再考の機会

アメリカでのトランプ大統領誕生、イギリスのEU離脱は、この二つのネーション・ステートがグローバル化の中で、変調をきたしたと言えます。言い換えれば調整期に入ったのでしょう。

日本にとっては、これまでは国際社会でアングロサクソンの動きを見て、ついて行けば無難だったのですが、そうした知恵だけではやっていけなさそうです。

無論、アメリカとの同盟関係が日本の外交・安全保障の基軸であることには変わりがありません。イギリスも大切な友好国です。

であれば、よりきめ細やかに、アングロサクソンの動向を見ていかなくてはならないと思うのです。そして変調しているからこそ、これまで見えなかったことが見えてくる面があります。

地理と歴史の双方の観点からです。

アメリカ大統領選では、ラストベルトと呼ばれる製造業が衰退した地帯で支持を得たことがトランプ当選につながりました。

英国の国民投票でも、グローバル金融の拠点として繁栄するロンドンはＥＵ残留票が多数でしたが、経済成長から取り残された地方では離脱が多数派でした。首都や大都市だけから一国の動向を読むことはできないのです。

イギリスはかつて世界をリードした歴史を持ち、アメリカはその座を引き継いだ国家です。それぞれの国民が、自国の偉大さをどこに感じとっているのか、戻りたいよき時代とはいつなのか。そうした観点からそれぞれの歴史にアプローチすることは意味があります。

これからの行方を占うのに役立つのです。

視点 その4

理念へのこだわりは つまずきにつながる

実務家メルケル首相の 難民政策での失敗

**EUの中核であるドイツのメルケル首相は有能な実務家として
ドイツを繁栄に導いてきたが、ヨーロッパ各地で高まる反ＥＵ感情や
理想にとらわれすぎた難民受け入れの失敗への対策に苦慮している。
イギリスの離脱やトランプ大統領との対立など難問は多い。**

２０１７年5月のフランス大統領選挙の決選投票では、中道で無所属のエマニュエル・マクロン氏が、極右・国民戦線のマリーヌ・ルペン氏を破って当選しました。

最大の争点となったのは、ＥＵとの関係です。特にＥＵの共通通貨ユーロです。

マクロンは、ユーロ圏での財政統合を進めると主張しました。ルペンは、ユーロ圏から脱退し、旧仏通貨フランを復活させると公約しました。

世界の市場が、固唾を飲んでこの選挙を見ていたのは、ユーロの将来がかかっていたからです。マクロン勝利は市場を安堵させました。

この大統領選の結果、ＥＵはユーロを維持することがはっきりしたのです。

ヨーロッパ各地で高まる反ＥＵ感情

しかし、ＥＵ加盟国の国民の感情を考えれば、ＥＵの行方は楽観視できません。

エリートたちが進めてきた統合への反発や疑問が強まっています。ユーロの安定性を高めるために統合を進めることは、簡単には支持を集められないでしょう。

ユーロがあるから統合を進めなくてはならない。統合を進めると反ＥＵ感情が激化する。

ＥＵが抱える根本的な問題です。

21世紀に入って欧州の各地で「反ＥＵ」を掲げる政党が伸長しました。

国民投票をすると、ＥＵの拡大や統合深化とは、反対の意見のほうが勝ります。たとえば、２０１６年４

月にオランダで行われた国民投票は、ＥＵがウクライナと締結した自由貿易協定（ＦＴＡ）を柱とする「連合協定」への是非を問い、反対のほうが上回りました（ただし、国民投票に法的拘束力はありません。）。

ギリシャは２０１５年７月、ＥＵによるギリシャ支援の条件である構造改革案を受け入れるか否かを尋ね、受け入れないが多数でした。

ＥＵは再考の時期です。国家主権を段階的にＥＵに移してきたことへの反動が出ていることを、真剣に受け止めなくてはならないはずです。

しかし、２０１７年3月、ローマ条約締結60周年の機会に、ＥＵ首脳会議が発した「ローマ宣言」は、煮え切らないものでした。

「われわれは、これまで同様、同じ方向へ進み、後から参加したい者には扉を開けておくと同時に、必要であれば異なるペースと度合いで共に行動する」（読売新聞２０１７年3月26日）

要は、ユーロという共通通貨を創設してしまったが故に、国家主権を各国に戻すことはできず、前進しなければならないと言っているようなものです。

フランス大統領選でマクロンの当選が決まると、ドイツのメルケル首相は、政府報道官のツイッターを通じて、祝賀のメッセージを送りました。「伝統的に密接な独仏間の友情の上に立ち、フランスの新大統領と、信頼しあって仕事をすることを楽しみにしている」

メルケル首相は、国際報道で、最も多く登場する政治指導者の一人です。

ドイツは、欧州一の経済大国です。メルケルが首相に就任したのは２００５年でした。すでに12年間、トップの座にあります。２０１７年9月のドイツ連邦議会選に、与党であるキリスト教民主同盟・社会同盟の首相候補として臨みます。

与党が勝利すればさらに4年間の任期を手中にします。ドイツ政治の制度、慣例では、下院に相当する連邦議会選を経て首相が決まれば、議員任期である4年間、政権を担うのが通例です。

欧州の将来を占う上では、ドイツとメルケルについて考えねばなりません。この章の後半で掘り下げましょう。

独仏首脳会談のメルケルとマクロン

2017年5月15日、ベルリン（AP／アフロ）

共倒れ回避が欧州統合の本当の動機

EUについて面白い記事を書くのは難しい。これが私の記者としての実感です。面白い記事というのは、ある国でも個人でも、読者が一定のイメージを持っていることを前提とします。そのイメージに新たな要素を付け加えたり、あるいは修正したりするところに面白みが生まれます。

しかし、EUは巨大で複雑で、イメージを抱きにくいのです。

EUについて包括的な記事は、加盟国、機構、ルールを説明するのが定石です。欧州統合の原動力については、第2次世界大戦が欧州を荒廃させたことへの反省を挙げます。欧州は平和と繁栄を築くために統合を進めてきたと説明するのが一般的です。

これ自体は正しいと思います。欧州統合の原点は、1952年に創設された欧州石炭鉄鋼共同体です。EEC（欧州経済共同体）、EC（欧州共同体）と進化し、一貫して欧州の安定と繁栄に貢献してきました。それは否定できません。

ただ、それだけではきれい事に過ぎると思うのです。イギリスの雑誌「エコノミスト」は２００３年10月16日号で、こう書きました。「欧州を真に団結させているのは、諸帝国の色あせた記憶なのだ」。「記憶」は複数形になっています。

私は、この表現を読んだ時に、目から鱗が落ちる思いでした。それからEU関連の記事を書いたり読んだりする時に、しばしばこの文を思い出しました。

私なりにこの表現を噛み砕いて言うと、こうなります。

どうして欧州の諸国がまとまってきたかというと、かつて自国は偉大だったという記憶を持つ国々が、共倒れを回避し、世界的な影響力を持とうとしたからなのだ、と。

第2次世界大戦が終わった時期には、アメリカ、ソ連が国際秩序を形成する超大国であることは明白でした。欧州諸国がばらばらのままでは、政治的にも経済的にも米ソの間に埋没してしまう。欧州の政治指導者らには、それが我慢できなかったのだと思います。

EUは現在、加盟国が28か国にも上りますが、欧州統合のスタートからの中核は、ドイツとフランスです。

フランスはネーション・ステートの元祖です。ドイツは、プロイセンが中心となって１８７１年に統一を果たしました。フランスとドイツは、ネーション・ステートとして第1次、第2次の世界大戦を戦いました。

両国はかつて、世界各地に勢力を伸ばした帝国でした。20世紀に2度戦って互いに消耗しました。やり方を変えなくてはならないと両国の指導者たちが考えたのは当然でしょう。

フランスは、形式的には第2次大戦の戦勝国です。しかし第2次大戦の初期にドイツ軍に席巻され降伏しました。ドイツと戦って勝ったのは、ソ連とアメリカ、そしてイギリスです。

「視点その3」で述べたように、イギリスがEUから離脱する背景には、帝国の記憶があります。イギリスは戦争に勝ったので、ドイツやフランスよりも、記憶は連続性を保ちました。

ドイツ在住の作家、多和田葉子さんが、EUの現状について大変上手に表現していました。朝日新聞

EU加盟国

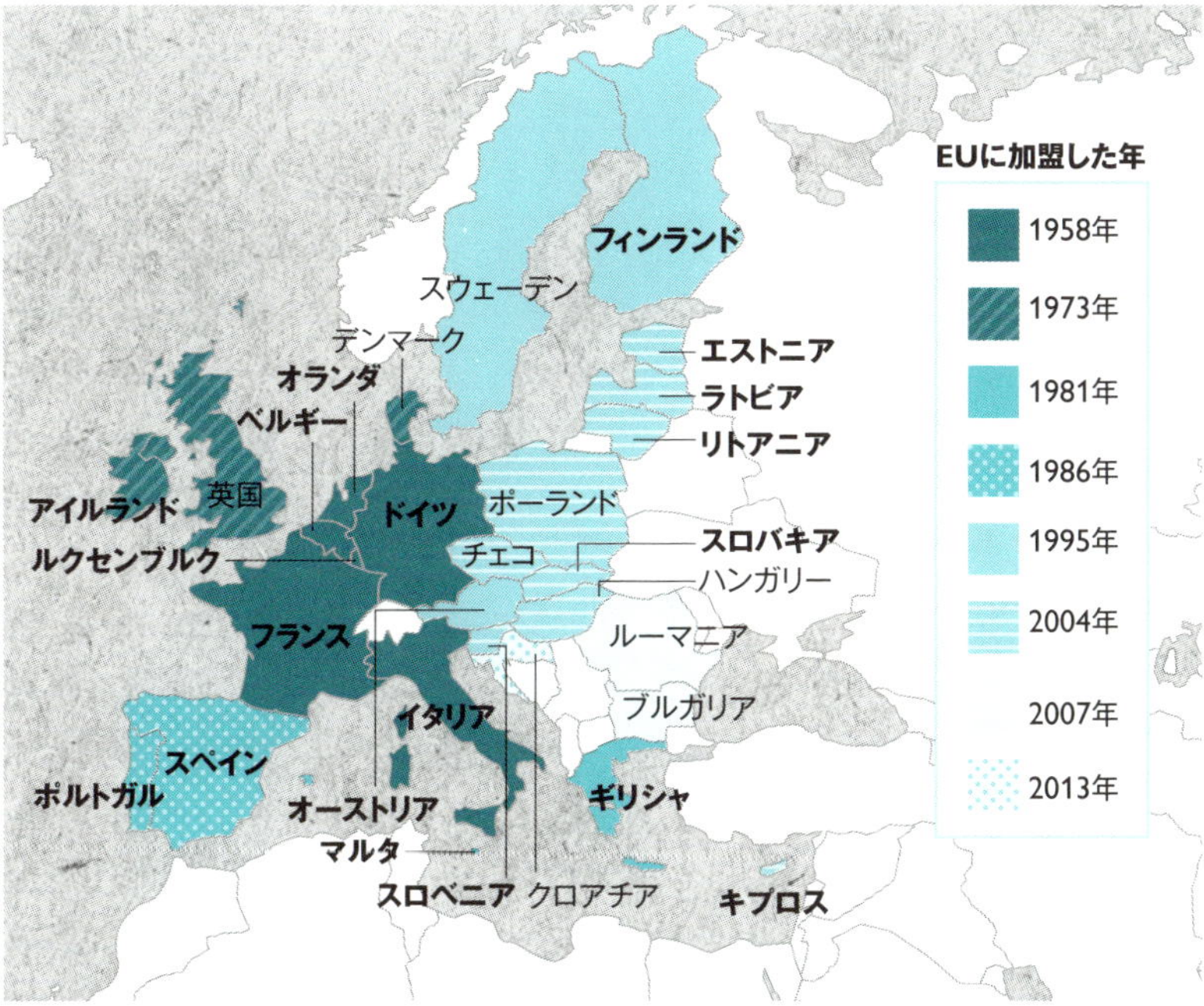

※太字はユーロ導入国

２０１６年７月20日付に掲載された、英国のＥＵ離脱に関する文章です。

「ＥＵを家族に例えると、ドイツがしっかり者のお母さん、フランスがちょっと頼りないお父さん、ギリシャやブルガリアは子供たちということになり、イギリスは大国なのに演じる役がない」

フランスとドイツが夫婦だというのは、この2か国の和解、協力が、欧州統合の中核だという事情を表しています。ギリシャなど南欧諸国やブルガリアなど諸国は、あとから参加して経済水準もまだ低いから子供です。

問題は、フランスが「ちょっと頼りない」と形容されていることです。経済も、政治も、ドイツに比べると安定していないからです。

「平和と繁栄」は、EUが存在する表の理由です。「共倒れを防ぎ、協力して再び偉大になる」というのは、裏の理由です。

表というのは、政治家が公の場で語るという意味です。裏というのは、政治家がなかなか語らないという意味です。

どちらが本当で、どちらが間違いということでは、ありません。コインの表と裏のように一体です。

個々の国家の過去の偉大さに関する記憶が、EUの拠り所だとすれば、欧州統合の進展で国家の主権がどんどん軽くなっていけば、当然反動が出ます。

EU加盟国の顔ぶれを見れば、過去に帝国と名乗ったかどうかは別として、アジア、アフリカ、ラテンアメリカに植民地を持っていた国が多いのです。

欧州統合の原加盟国は、フランス、ドイツ、イタリア、ベルギー、オランダ、ルクセンブルクの6か国です。この中で、国が出来てから一貫して小国だったのは、ルクセンブルクだけです。ベルギーはアフリカに植民地を持っていましたし、オランダは、東南アジアで現在のインドネシアにあたる広大な島嶼を植民地にしていました。

後から加わった西欧の国を見ても、例えばスペインは、かつては欧州一の帝国でした。ギリシャには古代の誇るべき過去があります。

ユーロ創設、東方拡大からEUは変調に陥った

20世紀のEUの歩みは、その前身の時代から通じて、概ねサクセスストーリーだったと言えます。平和と繁栄をもたらしたのです。

21世紀に入り、00年代から変調の兆しが見え始めて、10年代には内憂外患が噴き出しました。

変調の兆しは、原加盟国であるオランダとフランスに現れました。

加盟国政府は、欧州統合を一層進めるための欧州憲法条約をまとめ、署名しました。しかし、この2か国の国民投票で否決されて頓挫したのです。

エリートたちが夢見た「欧州連邦」作りに一般国民がついていけなくなり始めた表れでした。それで「欧

州連邦」志向色を薄めたリスボン条約に切り替えて、ようやく全加盟国の批准を得ました。

統合の深化に暗雲が漂い始めたのです。

統合の拡大もEUに変調をもたらしました。

2017年の時点でユーロを導入しているのは19か国です。28加盟国のうち19です。イギリスは導入していません。

EUの中のユーロ圏は当初、少数の国家で発足すると想定されていました。ユーロ創設の推進役は、フランス、ドイツのコンビでした。財政規律や通貨の安定性など基準を満たさないと発足時から加われなかったのです。

通貨の安定性に疑問があったイタリアの加盟を認めるか否かが、問題になりました。イタリアはなんとか基準をクリアして滑り込みました。

東西冷戦時代からドイツとフランスは通貨の協力を進めていました。為替レートの変動があまり激しくならないようにする仕組みを作りました。ゆくゆくは共通通貨にしようという構想はありました。

ドイツ統一が契機となり、共通通貨構想の実現が加速されることになったのです。フランスのミッテラン大統領とドイツのコール首相が主導しました。

ミッテラン大統領が共通通貨実現を急いだのは、ドイツが強大になることに不安を抱き、ドイツを欧州統合プロセスにつなぎとめようとしたのでしょう。

現時点で振り返れば、ユーロは、ドイツ経済の追い風になり、欧州内で「ドイツ独り勝ち」の情勢を生みました。

ドイツが独自の通貨マルクを持っていれば、ドイツの経済実績がマルクの為替レートを変えるはずです。しかし、ユーロは、10数か国の共通通貨ですから、ユーロ圏の国との間ではこうした調整がなくなりました。そしてユーロ圏外の国との関係では、10数か国の実力を反映するユーロの為替レートは、ドイツの実力からするとユーロ安です。ドイツの輸出には有利に働くのです。

ドイツの性格

文字通りEUの柱となったドイツとは、どんな国家なのでしょうか。

「視点その1」で述べたように、英国首相を務めたサッチャーは、回顧録で、ドイツ論を書いています。ドイツの急所をついています。少し長くなりますが引用します。

> 「私は民族に個性があることは信じる。それは、多くの複雑な要因から形づくられるものである。民族の戯画化は時としてばかげていて、不正確なこともあるが、そのことによって民族の特性は小さくなるものではない。ビスマルクのもとに統一を達成して以来、ドイツは、たぶん国家統一が非常に遅かったことも手伝い、侵略と自己不信の間を予測のつかない形で揺れ動いてきた。（中略）彼ら（現代ドイツ人）の大多数は、ドイツはほかの国の人々に犠牲を強いて自分の力を行使する能力をもつ大国になるべきではないと心に決めている。ドイツのアングスト〔苦悩、不安〕の真の源泉は自己を知ることの苦悩なのだ」（マーガレット・サッチャー、石塚雅彦訳『サッチャー回顧録下巻』日本経済新聞社、1993年、410〜411頁）＊（）内は筆者の補足

ドイツ人は自国が強くなり過ぎることに不安を抱えている、という認識は重要です。

戦後西ドイツにとって、その不安を抑える方法は、欧州統合に献身的に尽くし、「ドイツはヨーロッパ化する」とのスローガンを唱えることでした。

そのスローガンは、東西ドイツの統一時に最高潮に達しました。

ナチスドイツの過去、なかんずくユダヤ人虐殺という過去を抱えたドイツは、ネーション・ステートの歴史の中で、「あの時代にドイツは偉大だった」と誇れる時期を持ちません。「視点その3」でとりあげたアメリカやイギリスとの違いです。

強いて言えば、ヴィルヘルム1世とビスマルクの治世なのでしょうか。ドイツに留学した森鷗外が、『舞姫』の中で、ベルリンの目抜き通り、「ウンテル、デン、リンデン」の賑わいを描写しています。しかし、ヴィルヘルム時代も、第1次世界大戦に飲み込まれて

しまいました。

　イギリスには、ヴィクトリア時代という大英帝国の全盛期があります。

　フランス人にとって、フランス革命は誇りの源泉ですし、ナポレオンという、全ヨーロッパに影響を与えた英雄も生みました。

　それに比べると、ドイツの近代史には、ドイツ人が戻りたくなるような時期がありません。

　今日、フランスの相対的な実力低下により、ドイツの影響力が増大しました。ドイツは自己の強大化への不安を解消する方法を見出したようです。

　その方法とは、EUに問題が発生した場合に、自国がやってきたことをモデルとすることです。そのモデルをEUの他の加盟国に提示し、合意形成の手続きを経てEU全体の政策とすることとです。

　ギリシャに端を発した欧州財政・金融危機への対応がそうでした。ドイツは、シュレーダー、メルケル両政権にまたがって、構造改革と財政健全化を達成していました。このやり方を他の加盟国の危機対処、危機予防の処方箋としたのです。


　2015年に起きた欧州への難民大量流入の際にも、ドイツは、自国がやってきたことをモデルにしてEU全体でやろうとしたのです。

　ドイツは、西ドイツ時代から欧州統合を推進してきました。

　第2次世界大戦で敗れ国家が分断されたというだけでなく、ナチスの悪行という負のイメージを背負っての再出発でした。だからこそ欧州統合の優等生になったという面はあります。

　それだけでなく、中世からの歴史に根差したドイツの国柄が、統合と親和性があったことにも注目したほうがよいのです。近世のネーション・ステートを誇れないドイツです。今日のお国柄を理解するには、ネーション・ステート以前まで遡らなくてはならないのです。

　そのことを指摘しているのは、歴史家、阿部謹也です。『物語ドイツの歴史――ドイツ的とは何か』（中公新書、1998年）で、「ドイツの歴史はヨーロッパ連合の歴史のミニチュア版なのである」と書いています。

　19世紀にプロイセンが多数のラント（領邦）を統合

して、ドイツ帝国を作りました。阿部謹也の本にはこうあります。

「多くのラントは近代になってから生まれたのであり、ある意味で政治の産物でもある。しかし中には古い歴史をもつラントもあり、ドイツ人の生活領域は、長い間ラントを超えることがなかったために、国家と等しい意味をもっている」

「ドイツの統一とはそれらのラントをどのように結んでゆくかという問いなのであり、その意味でドイツは多くの実験を経験している」

　経済学者、竹森俊平慶應義塾大学教授は、ドイツ人のルール志向の根っこは、中世以降の歴史にあると説明しています。

> なぜフランス人やイギリス人に比べて、ドイツ人はルールに頑《かたく》ななのか、ですか？　要するに、ドイツではほんとうの意味での「社会的合意（コンセンサス）」がないのです。フランスやイギリスは、中世から、ずっと国として存在していたでしょう。ところがドイツという国が生まれたのは、普（プロシア）仏戦争後の一八七一年。（中略）
> 　国として、ずっとまとまってきたところは、コンセンサスが深く根ざしていますから、ルールを少し曲げても、いずれはルールが回復するのです。ところが、もともと国としての深く根ざしたコンセンサスがないところでは、ルールはいったん曲げると、そこからどんどん崩れていく。
> 　ドイツ人が、ケインズが徹底して苦手なのはこのためです。「通常ならば財政均衡は望ましいが、深刻な不況の際には赤字財政による景気刺激も必要だ」とか「深刻な不況の際には、通常はよいことではない中央銀行による国債購入も便法だ」とかいうのがケインズ理論で、非常に成熟した考え方です。これがドイツ人には全然ダメなのです。

（竹森俊平『逆流するグローバリズム―ギリシャ崩壊、揺らぐ世界秩序』ＰＨＰ新書、２０１５年、１３２～１３３頁）

　他の国にはそれなりの事情があって、ドイツがやったようにはできない場合も多々あります。そのことへの想像力が足りないことが、ドイツ人の問題です。

若き日のメルケルは、実務家だった

モデルとしてのドイツを代表する政治家が、メルケルです。彼女の経歴を振り返ります。

「ベルリンの壁」が崩壊した東ドイツで、最初で最後の民主的な選挙が行われ、デメジエール政権が成立しました。35歳だったメルケル氏は、副報道官に起用されました。

当時、私はベルリン特派員でした。メルケル副報道官と一度だけ電話で話したことがあります。どこかの通信社が流した記事について、合っているのかどうか確認を取ったのです。メルケル副報道官は、その記事内容が事実だと確認しました。

当時の取材メモを見ると、ノートに「メルケル」と名前が書いてあるだけです。メルケル氏が世界的な政治家になった今日から思うと、もっと長く話しておけば貴重な記録になったのですが、当時はそんなに出世すると分かるよしもありません。

その後、メルケル副報道官が忙しそうに働いているのを見たことがあります。ドイツ統一のための国際会議である2プラス4がモスクワで1990年に開かれた時でした。報道陣に配る資料を抱えて駆け回っていました。

副報道官としての仕事ぶりを東ドイツのジャーナリストに聞いたことがあります。

周到な準備をするのが特徴だったというのが答えでした。東ドイツ政府要人の記者会見が予定されている。彼女は、出席すると予想される新聞記者が書いてきた記事を読んで、どんな質問をするか予想し、それに要人が答えられるように資料を揃える——といった具合です。

若き日のメルケルは、有能な実務家だったのです。

メルケルは、プロテスタントの牧師の娘です。西ドイツのハンブルクで生まれました。父親は教会の方針で東ドイツに行くことになり、一家は1954年に移住します。東ドイツで教育を受け、物理学者になり、政府系の研究機関に勤務します。

コール首相と閣僚時代のメルケル

日付不詳（AP／アフロ）

「ベルリンの壁」が崩壊するまで、政治的な活動はしていませんでした。ベルリンの壁が崩壊した後、サイエンスの世界から政治の世界へ転身したのです。そして、最初は小さな新政党に入り、そして、キリスト教民主同盟という政党に入りました。

私は当時、東ドイツに駐在していて、東ドイツに生まれた政治グループをいくつか取材しました。多くのグループは理想を掲げていました。東ドイツの共産主義独裁は破綻したけれども、やはり社会主義は良いものではないだろうか。社会主義の理想を生かしてやっていけないだろうか。そういうグループもありました。だけど、そういった勢力は結局、東西ドイツ統一の波に飲み込まれていきました。

メルケルは実務的な仕事をこなしながら、次のチャンスをつかみます。コール首相の目にとまったのです。

ドイツ統一を成し遂げたコールからすれば、自分たち西ドイツの政治家は東ドイツの人を大切にしますというポーズをとりたかったのです。そのためには、東ドイツの人を引き立てる人事が格好の手段でした。コールは、メルケルに白羽の矢を立てました。まず国会議員にして、すぐに閣僚に起用しました。ポストは婦人青少年相でした。

コールは、その後、メルケルを環境相に起用しました。軽量ポストの婦人青少年相から格上げです。

メルケルはコール首相が引き立てた政治家です。当時のメルケルにとって、コールがいかに怖い存在だったかを物語るエピソードがあります。

閣議で彼女がまとめた排ガス規制案への異論が続出した。コールは、事前の調整ができていないと叱責した。メルケルはその場で泣いた。

このエピソードは、佐藤伸行『世界最強の女帝メルケルの謎』（文春新書、2016年）に紹介されています。

コール与党、キリスト教民主同盟が1998年の選挙で敗北し野党に転落すると、裏献金スキャンダルが発覚しました。これがメルケルの政治家としての運命の分かれ道でした。

同党の幹事長だったメルケルは1999年、新聞紙上でコールを批判するのです。自分の育ての親とも言うべきコールを切り捨てたのです。そして翌2000年、自分が党のトップに立ちました。

そして、2005年には連邦議会選挙で勝って首相になりました。

メルケルの不思議

私個人としては、メルケルについて不思議に思うことがあります。

彼女はロシア語がとても上手です。なぜあれほど上手なのか。

ロシアのウラジーミル・プーチン大統領は、ドイツ語が上手です。もともと秘密警察の職員で、「ベルリンの壁」が崩壊した時には、東ドイツのドレスデン駐在でした。だからドイツ語ができて当然です。

メルケルはロシア語が上手、プーチンはドイツ語が上手。イギリスの新聞、「フィナンシャル・タイムズ」によると、2人が会談する時は、最初はドイツ語で始めて、難しい話になってくるとプーチンがロシア語に切り替えることが多いそうです。

メルケルに話を戻します。東ドイツではロシア語が義務教育で教えられていました。だからといって、メルケルがロシア語ができるのは当たり前だとは言えません。日本人にとっての英語みたいなものです。義務教育で英語を勉強してきても、使いこなせるとは限らないでしょう。

実際、私がベルリン特派員として東ドイツの大学生に接しても、簡単なロシア語を話すのも覚束ない人もいました。

メルケルは、ロシアに住んだことがないけれど、ロシア語をマスターしました。このことも彼女の性格を物語る一つの材料であるでしょう。勉強家であった。当時の社会主義陣営の盟主だったソ連の言語に反感を持っていなかった。そう言えるでしょう。

彼女は、プロテスタントの牧師の娘でした。東ドイツは、共産党独裁体制でしたが、教会は存在し、宗教活動は許容されていました。メルケル氏は少女時代、共産党の青年組織には所属していませんでした。

しかし、反体制であったわけではありません。体制の中で、科学者としてキャリアを積んでいました。親戚の結婚式に出席するために西側への旅行も許されています。体制が彼女を危険視していなかった証拠です。

火消し役メルケル

メルケル首相の外交での仕事は、ＥＵの火消し役だと言えます。問題が発生した場合にその解決に当たる役目を果たしてきたという意味です。

ギリシャで財政赤字粉飾が発覚したのがきっかけとなり、ギリシャが財政危機に陥りました。それが飛び火する形で、ポルトガル、アイルランド、スペイン、そしてイタリアといったユーロ圏諸国に、財政や金融の危機が拡大しました。

クリミア問題が発生すると、メルケルは、ロシアのプーチン大統領と会談や電話での会話を重ね、紛争の鎮静化に努力しました。

メルケルの欧州財政・金融危機への対応ぶりを語るには、彼女の前任であるゲアハルト・シュレーダー首相が行った改革を押さえておく必要があります。

東西ドイツ統一には後遺症がありました。失業の増加、社会保険制度への負担増加です。

シュレーダーは、メルケルのキリスト教民主同盟のライバルである社会民主党の政治家です。在職は

1998年から2005年ですから、コール首相とメルケル首相をつなぐ存在です。

シュレーダー首相は、失業者への扶助制度の改革を行いました。ドイツでは、失業者への福祉があまりに寛大であると問題になっていたのです。改革の核心は、失業者の就労を促進することでした。

シュレーダーは年金制度も改革しました。後継のメルケルは、医療保険制度を再編成しました。

ドイツは、社会保障制度の改革を断行したために、体質が強化されたのです。失業率は低下し、財政均衡を達成しました。伝統的な製造業の強みは健在です。

こうして、欧州財政・金融危機の中、経済では「ドイツ独り勝ち」と表現されるようになったのです。

モデルとしてのドイツ

ギリシャに端を発した欧州財政・金融危機では、危機に陥った国家の国債の利回りの動向が頻繁にメディアで報じられました。それは、利回りが国家の信用度を表すからです。この国にお金を貸したら果たして返してくれるのかどうかについて、市場がどう見ているか、それが利回りに表れるのです。

信用度が低くなると、利回りがあがります。危機に陥ったギリシャの利回りは30%を超えました。これは、もうこの国はお金を借りられない国になっているということを意味します。お金を借りられないというのは、市場でお金を調達できないということです。危険水域は10年物国債で7%だと言われています。

メルケルに課せられた使命というのは、もう自力でお金を調達できなくなったギリシャを助けることでした。そして危機の拡大を防ぐことでした。

メルケルがいち早く対応したとは言えません。市場での利回りが動いて、EUの首脳たちが「大変だ」と危機感を抱き、メルケルがEUの対策を取りまとめたのが実態です。

「視点その1」で述べたように、わたしたちは、金融がグローバル化した時代に生きています。メルケルもそうです。市場が動く。それへの対応を強いられる。そうした枠組みの中で仕事をしているのです。

メルケルがまとめ役となって、EUは、財政・金融危機の再発を防ぐために、いろいろな仕組みを作りました。欧州版ＩＭＦと呼ばれ２０１２年に発足した「欧州安定メカニズム（ＥＳＭ）」もその一つです。

ここでは、ＥＵ加盟国が財政規律強化のために２０１２年３月に結んだ取り決めである「財政条約」に着目します。ドイツが自国をモデルとしてＥＵ全体の政策を形成した典型例だからです。

条約の内容はこうでした。

それぞれの国は、景気変動などの要因を除く財政赤字の大きさについて、ＧＤＰ比で０・５％以下に抑えることを憲法や法律で定める。法制化を怠れば制裁金を科す。

この条約には、ドイツらしさが表れています。

第一に、財政均衡を憲法に盛り込むというのは、ドイツが実際にやったことです。２００９年に憲法を改正して、連邦と州の予算は「収支を均衡させなければならない」との規定を盛り込みました。

第二に、それを欧州全体の規範にしたことです。ドイツで成功したことは、他のＥＵ加盟国にとっても有効であるはずだ、という信念があるのです。信念と言えば聞こえがいいのですが、別の角度から言えば、それぞれの国の事情に思いをはせる姿勢が欠如しています。

イギリスは、この財政条約には加わりませんでした。

ドイツは、自国の財政を健全化しました。そして欧州で財政・金融危機が起きると、その処方箋として自国流を選択し頑として譲らなかったのです。

ギリシャも、ドイツ主導のＥＵの要求をいやいや飲んで、緊縮財政策をとりました。イタリアも危機になりそうになって、ＥＵの圧力をうけて、財政を引き締めました。

財政緊縮は、たとえば公務員が削減されるとか、もらえる年金の額が減るとか、痛みを伴います。痛みを感じた人は、ＥＵに対して、そしてＥＵの危機対応策を主導するドイツのメルケルに反感を抱きます。

危機の火消し役であるメルケルは、頼りにされながら恨みもかうという存在でした。

ドイツは、いつもモデルだとはいえない
――難民大量流入

メルケルは、2015年、大きな失敗をしてしまいました。難民流入問題への対処です。

2015年、欧州には100万人を超える難民が入ってきました。中東、特に内戦が行われているシリアの情勢が悪化したことが大きな理由です。

難民の流入ルートは、中東からの場合、まずトルコに入って、それからギリシャの島に渡る、そしてギリシャの本土に渡ってバルカン半島を通りドイツや北欧に向かいました。北アフリカからは、リビアから海路でイタリアに入ってきました。

バルカン半島ルートに位置するハンガリーに、多くの難民が滞留する事態が発生しました。その時に、メルケルはその難民をドイツが引き受けると表明しました。

ドイツは、以前から難民を寛大に引き受けていました。メルケルは2015年、ドイツの寛大な受け入れを続けるだけでなく、欧州全体で引き受けましょうと呼びかけました。

ハンガリーやポーランドなど東欧諸国は、後からEUに入って来た国々です。イスラム教徒と共存する経験も浅いのです。東欧諸国は、難民受け入れを一緒にやるわけにはいかないというふうに、抵抗しました。

EUでは強引に多数決で、難民を加盟国に割り当てると決めました。

その直前にメルケルが、自分の信念を語りました。「普遍的な市民権は、欧州とその歴史と深く繋がっていた」と。市民権はここでは人権と言ってよいと思います。人権と欧州は切っても切れないという意味です。「欧州が難民問題で動かなければ、この普遍的市民権との深い繋がりは破壊される」。

彼女は欧州を代表するような形で、欧州が守るべき理念を語ったのです。

しかし、この政策はその後数か月でうまくいかないことが分かります。ドイツ国内で地方自治体が反発しました。実際に受け入れるのは地方の州であり、その下の市であり、村です。そういった地方レベルで反発が出ました。

ハンガリーに多くの難民が流入した

2015年9月1日、ハンガリーのブダペスト東駅の移民や難民（ロイター／アフロ）

視点

その（ 4 ）

理念へのこだわりはつまずきにつながる

ケルンで2015年の大晦日に、難民らによる集団性犯罪が起きて、国民の間で不安が広がりました。パリでは、2015年11月に犠牲者が130人に達するテロがおきました。ドイツでも、難民をたくさん受け入れると、その中にイスラム過激派がいてテロを起こすのではないかという不安が高まりました。

ドイツでメルケルへの支持率が一時、低下しました。慎重で有能だったメルケルが難民大量流入への対処では、失敗してしまったのです。

この失敗では、ドイツの信念、つまり自国の成功体験が他国でも通用するという信念が裏目に出たといえます。

2015年9月、駐日ドイツ大使のハンス・カール・フォン・ヴェアテルンさんが、日本記者クラブで話しました。その中で、EUがまとめようとしていた難民割り当て策について説明しました。

大略こういう趣旨でした。

ドイツでは、国内の各州に、難民を割り当てる制度がある。州ごとにパーセンテージで割り当てる。各州の税収と人口による。すなわち、税収が多く人口の多い豊かな州は、多くの難民を受け入れる。さほど豊かでない州であればその数は少なくなる。

ここまでは、ドイツの事情の説明です。大使は、EUが検討している難民割り当てについて、こう言いました。

「ドイツが実践しているこのような制度をEUにも当てはめればどうか、という議論が今行われています」

この発言は、ドイツの政策がEUの他の加盟国にとって、モデルになるという発想を示していました。

メルケルは、難民への対処では理念に傾いて失敗しました。しかしその後は、実務家としての手腕を発揮します。トルコと交渉し、トルコからギリシャに密航した難民をトルコに送還する枠組みに、同意を取り付けたのです。2016年3月に、EUとトルコが正式合意しました。

これにより、ドイツへの難民流入も沈静化しました。

メルケルを二十数年間見てきて私が考えていることがいくつかあります。

一つは、30代でも人生は選択できるということです。

ギリシャ・レスボス島に上陸する難民についての新聞記事

（第3種郵便物認可）　2015年（平成27年）9月16日（水曜日）　讀賣新聞

ストの発想だ。しかし、すべての難民を受け入れるのも同じく非現実的だ」

し、「状況は悲惨だ。我々に浪費する時間はない」と述べ、加盟国に協力を求めた。

難民たちが上陸した海岸には、脱ぎ捨てられたライフジャケットやゴムボートが残されていた（10日）

難民　欧州へ

ドイツも今月だけで9万人が到着した事態に対応できず、13日にオーストリア

説得したが、（過去にない）例外的な挑戦だ」と合意の難しさを強調した。

安住求めて

ギリシャ・レスボス島

多くの難民が連日、海を渡り上陸するギリシャ東部レスボス島の海岸。10㌔・㍍ほどしか離れていない対岸のトルコへ目をこらすと、こちらへ向かってくる黒いゴムボートと、乗船する難民たちが着るオレンジ色の救命胴衣がはっきりと確認できる。海岸で待つボランティアや居合わせた観光客が歓声をあげると、両手を上げて応えた。

岸にたどり着いた難民たちは、地面に額をこすりつけたり、天に向けて歓喜の言葉を叫んだりして、喜びを爆発させた。イラクで数学教師をしていたラグダ・アルハシムさん(48)は「私は今でも母国を愛しています。でもこうするしかなかった」と話し、大粒の涙を流しながら家族6人と抱き合った。

国際移住機関（IOM）の推計では、今年、9月半ばまでに海路で欧州に入った難民や移民は約43万人で、すでに昨年の総数の2倍。このうち7割の約30万人がギリシャに上陸した。かつて北アフリカからイタリアを目指すルートが主流だったが、伊沿岸での警備強化や事故の多発、シリアの内戦長期化で流れが変わった。

難民らはこの後、アテネ経由でバルカン半島を北上し、多くはドイツを目指す。

（ギリシャ・レスボス島　片岡航希　写真も）

ギリシャにたどり着いたラグダ・アルハシムさんに、居合わせたオランダ人観光客が駆け寄る。対岸のトルコがくっきりと見えた（10日）

妻のエティダルさん（右）ら家族6人で上陸したシリア人のムスタファ・ハベブさん（47）。「ドイツで子供たちにしっかりとした教育を受けさせたい。母国では彼らの将来に希望が持てない」。そう話すと大粒の涙を流した（10日）

読売新聞2015年9月16日

彼女が政治の世界に入ったのは35歳の時でした。それはベルリンの壁崩壊で変革期が訪れて、その中でチャンスを捉えたのです。やはり実務能力があって勤勉であったことが、彼女の成功の大きな理由だと思います。

もう一つは、理想論にとらわれた時は危ないということです。２０１５年の彼女の失敗を見てそう考えました。

グローバル化で国境が低くなると言われます。それは確かにそういう面はあるのですが、国家指導者の役割が減少したわけではありません。

イギリスのキャメロン首相は、ＥＵに残留するか離脱するかを問う国民投票を行うと決断しました。もし彼が決断しなければイギリスの離脱は、少なくとも今起きている、このタイミングでは進行しなかったのです。

メルケルは、ＥＵを背負って立ち、ユーロの安定性を守っています。

ユーロという共通通貨を作ってしまった。それを使っている国、ギリシャのような小国でも財政破綻すれば、ユーロ全体の信頼性に関わる。だから彼女はギリシャを助けるためにも、汗をかかなくてはなりません。

「ベルリンの壁」後の政治家メルケルvs「メキシコの壁」のトランプ

２０１７年3月に、メルケル首相とアメリカのトランプ大統領の会談が、ワシントンで行われました。トランプの振る舞いが話題になりました。会談前には報道陣のカメラが撮影を許される時間がありました。メルケルが握手しましょうかと持ちかけたのに、トランプは目も合わさず、握手もしなかったのです。

会談後の記者会見では、さすがに握手しました。両首脳は、北大西洋条約機構（ＮＡＴＯ）を通じた米欧安全保障協力が重要だとの認識で一致したことなど、会談の成果も明らかにしました。ただ2人とも固い表情でした。

トランプは、大統領に就任する前、メルケルの難民政策を公然と批判しました。欧州に流入した難民をドイツが寛大に受け入れたことは、「正気ではない」と語

メルケルとトランプの会談

2017年3月17日、ワシントン(AP/アフロ)

ったのです。「EUは、ドイツの乗り物だ」とも発言しました。

メキシコとの国境に「壁」を築き、不法移民を厳しく取り締まろうとするトランプは、メルケルを意図的に批判対象としました。

2017年5月にイタリア・シチリア島で行われたG7サミットにおいては、トランプとメルケルは、気候変動問題や貿易不均衡を巡って、激しく論争しました。

トランプとメルケルは、単に馬が合わないというだけでなくて、二つの時代潮流のぶつかり合いを体現しているのです。

メルケルは、「ベルリンの壁」崩壊後の時代、冷戦終結の時期が産んだ政治家です。

トランプは、東西冷戦終結に匹敵する21世紀の大変動期を象徴しています。

視点 その5

民族の性格が危機を招く

韓国の苦悩

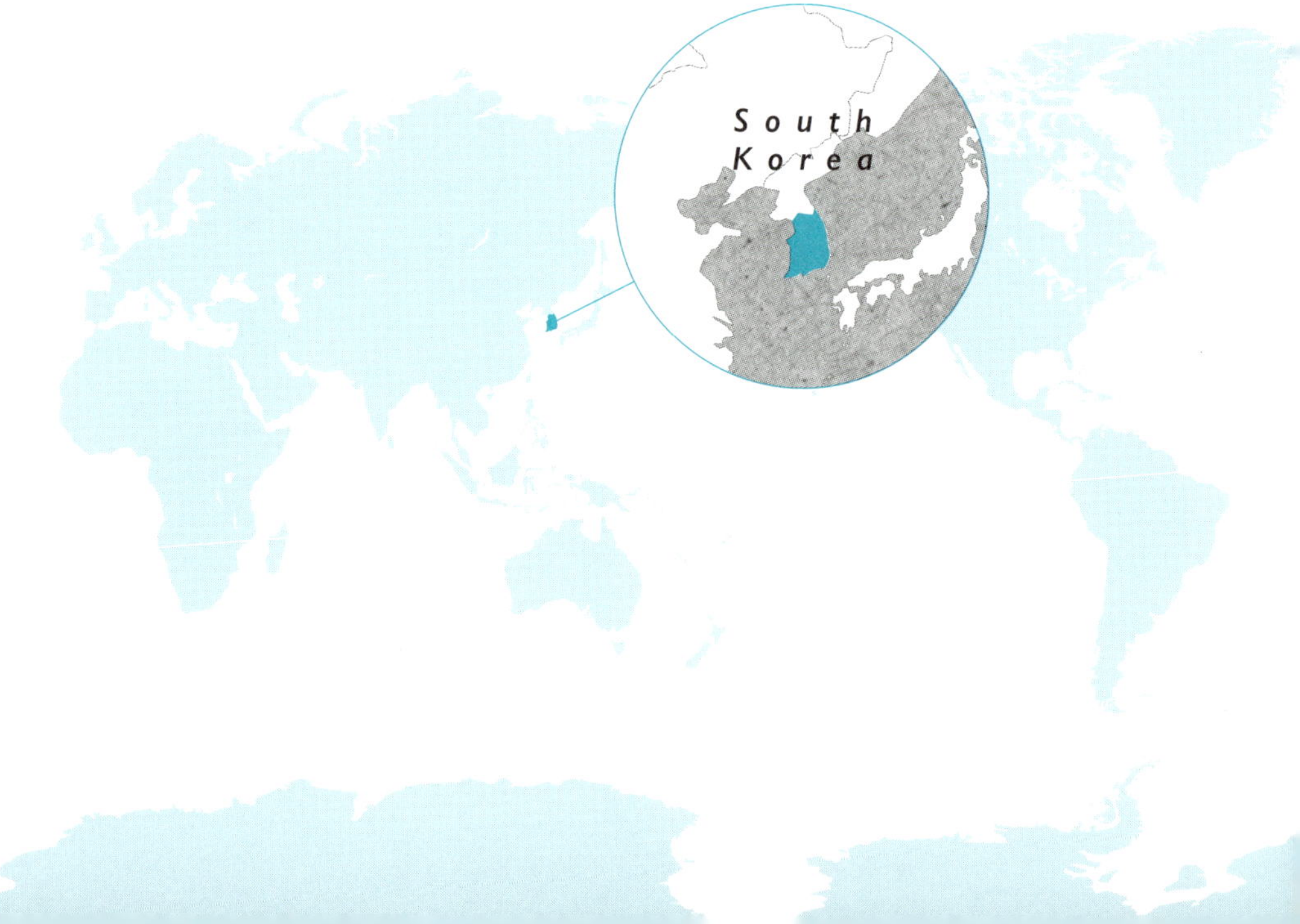

韓国はグローバル化に巧みに対応して成功したが、壁に突き当たり、経済が失速している。先鋭化した民族意識が日本との関係に影を落とす。核を備えた北朝鮮や中国との関係も先が見えない状況だ。

韓国は、ヒト、モノ、カネ、サービス、情報が国境を越えて交流・流通することの光と影を体現した国家だと思います。

まず、光の面、つまりプラスの面からお話しします。他国との交流がいかに国家を発展させるか。国家を閉ざすことがどれほど国家を停滞させるか。

次頁の写真を見れば一目瞭然です。衛星から撮った写真で、右下が韓国で、それに接しているのが北朝鮮、そして中国があるという位置関係です。

韓国でも中国でも明かりがたくさんついています。特にソウルは大都市だから真っ白になっています。北朝鮮はほとんど明かりがない。電力不足が大きな原因です。首都の平壌だけ辛うじて少しだけ明りがついています。

今の朝鮮半島における経済格差をとても雄弁に物語る写真だと思います。

韓国の経済発展

韓国は、1950～53年の朝鮮戦争後、アメリカの支援を受けます。1965年に日本と国交正常化してからは、日本から多くの技術を導入しました。韓国は、米国と日本から市場経済を学んだのです。

北朝鮮の停滞の原因としては、まず社会主義の計画経済の構造的問題がありました。東西冷戦時代には、ソ連と中国の双方から経済支援を引き出していました。それでも1980年代には、経済水準を比較すると、韓国に差をつけられ始めました。

衛星から撮影した朝鮮半島

2014年1月、NASAが公開した、衛星から撮影した朝鮮半島の写真（ロイター／アフロ）

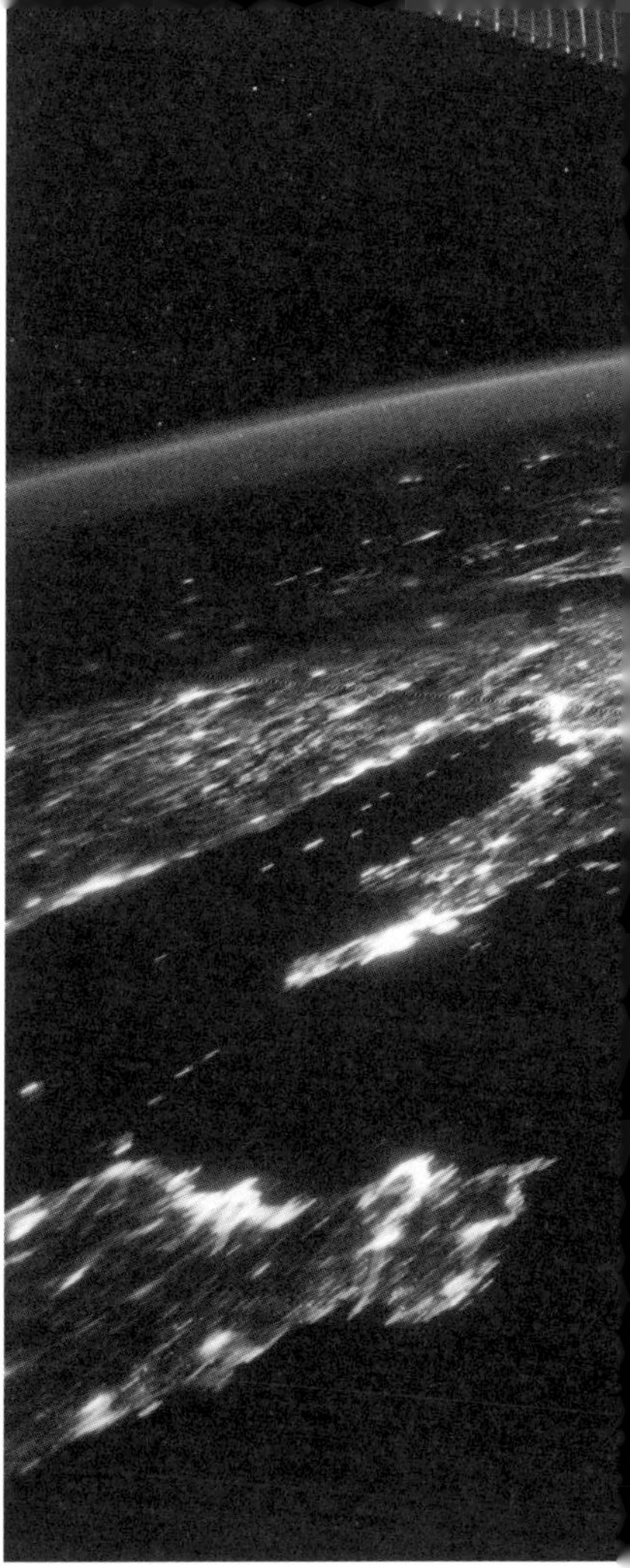

そして東西冷戦が終わり、グローバル化が加速する時代が来ました。

韓国と北朝鮮という同じ民族の二つの国家は、決定的に異なる道を歩みます。

韓国は、国際秩序の変化をチャンスととらえたのです。果敢に新しい世界に打って出ました。この点で、政府、企業、国民が同じほうを向いていたと言えるでしょう。

一方、北朝鮮は、グローバル化、市場経済化の潮流の中の孤島になりました。

民族が同じで、片方が世界とつながり、もう一方が孤立したのです。

韓国側の推計では、一人当たりの国民総所得は、北朝鮮は韓国の20分の1以下です。

文在寅大統領の就任演説に見る韓国の問題点

韓国では、２０１７年5月9日に大統領選が行われ、左派政党、「共に民主党」の文在寅候補が当選しました。

翌10日の就任式の演説で、文在寅は何を国民に約束し、訴えたのでしょうか。

日本のメディアは北朝鮮関係の部分を重点的に紹介しました。ここでは、視点を変えて演説を読んでみたいと思います。

韓国は、東西冷戦後にグローバル化が加速する中、時代の潮流に乗って成功したけれど、壁に突き当たった国家です。

文在寅の演説を読むと、そうした事情が読み取れるのです。

韓国は2016年秋に、朴槿恵前大統領の友人女性による国政介入というスキャンダルが起きました。朴槿恵は、国会により弾劾訴追され、憲法裁判所により罷免されました。検察に逮捕されて囚われの身です。反朴大統領デモの盛り上がりが、朴槿恵追放の原動力になりました。

文在寅の演説が、前大統領の政治との決別を強調したのは当たり前です。

ただ、演説全体が意気軒昂だったわけではないのです。こんなくだりがありました。

「国の内外で経済が厳しい。国民生活も厳しい。（中

韓国大統領選で当選を確実にし、関係者とともに喜ぶ文在寅

2017年5月9日、韓国・ソウル（読売新聞）

略）何よりも真っ先に雇用に取り組む。同時に、財閥改革も最優先にする」（読売新聞2017年5月11日）

韓国では、大卒者の就職がとても難しくなっているのです。大学生で就職できる人の割合は6割台という統計があります。

韓国経済は、財閥グループ主導です。最大財閥サムスングループの主力企業であるサムスン電子の売上高が、GDPの約2割を占めます。

大学生は、財閥グループを中心とした一流企業に殺到するという状況です。

演説に戻って、文在寅は、北朝鮮との関係や外交分野では、何を主張したのでしょうか。

北朝鮮が核兵器や弾道ミサイルの開発を加速したため、米国との間で緊張が高まっています。文在寅は、こう言いました。

「朝鮮半島の平和のために奔走する。必要な場合は、直ちにワシントンに飛ぶ。北京と東京にも行き、条件が整えば、平壌にも行く」

北朝鮮を非難する表現はありませんでした。文在寅は、選挙期間中には、候補者討論会でこう発言しました。

「（金大中政権の）太陽政策、（盧武鉉政権の）対北包容政策は、我々が南北関係改善のために守らなければならない基調だ」

演説で注目された点の一つは、中国に関連する部分です。前政権は、アメリカとの間で、ミサイル防衛システム「最終段階高高度地域防衛（THAAD）」を在韓米軍に配備することで合意しました。中国は猛烈に反発しています。

文在寅は「THAAD問題の解決に向け、米国と中国と真剣に交渉をする」と述べました。

本来、THAAD配備は、北朝鮮に対する抑止力を高めるために、米韓同盟として決定した事項です。文在寅は、中国に介入するスキをつくってしまったと言えるでしょう。

韓国のグローバル化

韓国がグローバル化への適合で、日本より先を行ったという例を挙げることは容易です。

まず、政府の政策の成果を見ましょう。

・アメリカとの間で、自由貿易協定を２００７年に締結した。協定は２０１２年に発効した。
・ＥＵとの間で、自由貿易協定を２０１０年に締結した。協定は２０１１年に発効した。
・仁川国際空港が２００１年にオープンした。
・釜山港は、ハブ港として発展した。コンテナ取扱量で、東京など日本の港をはるかに上回る。

こうして見ると、各国、地域が競ってＦＴＡ締結に動いた時期にすばやくアメリカ、ＥＵとＦＴＡを結んだ韓国外交の突破力は、なかなかのものがあります。

アメリカとのＦＴＡ交渉を始めて合意までこぎつけたのは、左派の盧武鉉政権です。

企業については、サムスン電子がまず半導体で、続いてスマートフォンで飛躍的に成長して、日本の家電メーカーを凌駕した例を挙げることができます。

国民の海外志向も強いのです。アメリカへの留学生数を見れば、韓国が日本をはるかに上回ります。韓国からは中国にも多数留学しています。

韓国は、20世紀後半に経済発展し、民主化を成し遂げ、グローバル化に対応しているアジアの国家群の中の一国家と言えます。

韓国は、世界貿易機関（ＷＴＯ）の統計によれば、サービスを含まないモノの輸出に関しては、優に世界10位内に入る貿易大国に成長しました。

問題は、グローバル化に適合しても、それが国民の満足感につながらなかったことです。この本では、韓国の経済、社会問題には、立ち入りません。これから日本が相対する「文在寅の韓国」の性格を考えたいと思います。

韓国が果敢にグローバル化に適合する中で、民族の性格はむしろ先鋭化したことが重要です。

韓国の保守と左派の対立軸

文在寅氏は、韓国の左派政党、「共に民主党」の候補でした。

「共に民主党」が代表する勢力を、私は「左派」と表記します。日本の新聞では、「左派」と書くところと、「革新」と書くところがあります。

韓国では、この勢力を「進歩」と呼びます。

対抗する勢力は、「保守」です。

保守と左派の対立軸とは何でしょうか。単純化すれば、以下のようにまとめることができます。

第一に北朝鮮と向き合う姿勢です。

左派は、民族の一体性を重視して、北朝鮮に融和的です。保守は、北朝鮮に厳しい認識を持っています。

第二に朴正熙大統領、朴正熙政権に対する評価です。

朴正熙は戦前、満洲国軍の士官でした。戦後、韓国軍に入り、1961年にクーデターで権力を握り、1979年に部下の銃弾にたおれました。韓国の経済発展の基礎を作った人物です。民主化運動は弾圧しました。

左派は、もとをたどれば、朴正熙政権に抵抗した民主化勢力です。朴正熙政権の正統性を認めません。保守は、朴正熙政権の流れを汲む人々です。

第三の対立軸は、労働組合との関係です。労組は、左派の強力な支持基盤です。

ネーション・ステートの観点から整理した朝鮮半島の歴史

「視点その1」でネーション・ステートという国家のあり方について書きました。ネーション・ステートは、西欧近代の産物です。朝鮮民族は、19世紀から20世紀初頭にかけて、ネーション・ステートを形成できませんでした。

朝鮮半島では、7世紀中葉まで、新羅、百済、高句麗が並立していましたが、新羅が統一を果たします。その後、新羅、高麗、朝鮮と王朝はかわりました。朝鮮は、14世紀に成立し、1910年の日韓併合で終わりました。

朝鮮は、中央集権であり、日本の江戸時代のような封建制ではありませんでした。支配階層は、しばしば党派抗争を繰り広げました。国民の側に、国民の権利と義務があるという意識が育っていませんでした。

日本、清、ロシアが朝鮮半島の主導権を巡り争いました。その帰結が1910年の日韓併合です。

日本が朝鮮半島を植民地として支配したのは1910年から1945年までです。明治日本は、ネーション・ステートになりました。自然にそうなったのではなく、国家の政策として国民意識を涵養したし、知識人を含めた指導層が啓蒙に励んだのです。

では、1910年の日韓併合の後の朝鮮人が、大日本帝国というネーション・ステートに参画できたか。そうは言えないのです。

日本の内地に住む朝鮮人には参政権が与えられました。朝鮮出身で内地に渡ってきた朴春琴という人物は、1932年に選挙で当選して衆議院議員を務めています。朴春琴については、小熊英二さんの『〈日本人〉の境界――沖縄・アイヌ・台湾・朝鮮　植民地支配から復帰運動まで』（新曜社、1998年）が詳しく紹介しています。

しかし、朝鮮半島に住んでいる朝鮮人は、参政権がなかったのです。政府は、太平洋戦争が始まってから、朝鮮人にも徴兵を科すために、参政権を認める方針を決めました。実現する前に日本が戦争に負けて、植民

地支配が終わりました。

朝鮮半島の南側は米軍が占領し、北側はソ連軍が占領します。東西冷戦は、朝鮮半島の命運に決定的な影響を与えました。米軍が占領した地域では大韓民国（韓国）、ソ連軍占領地域では朝鮮民主主義人民共和国（北朝鮮）という二つの国家が建国されたのです。「視点その6」で触れる朝鮮戦争を経て、今日に至るまで、分断・対峙状況が続いています。

韓国も、北朝鮮も、統一を目標に掲げています。朝鮮民族のネーション・ステートは、いまだに未完なのです。

朝鮮民族の性格にある「序列意識の強さ」

朝鮮民族の性格の特徴の一つは、序列意識の強さです。

序列意識は無論、日本人も持っています。どんな民族・国民にもあるでしょう。

朝鮮民族の序列意識は、朝鮮王朝時代に形成された

崔順実逮捕を伝える新聞記事

107

国政介入疑惑

朴大統領友人を逮捕

韓国検察 政権 機能不全に

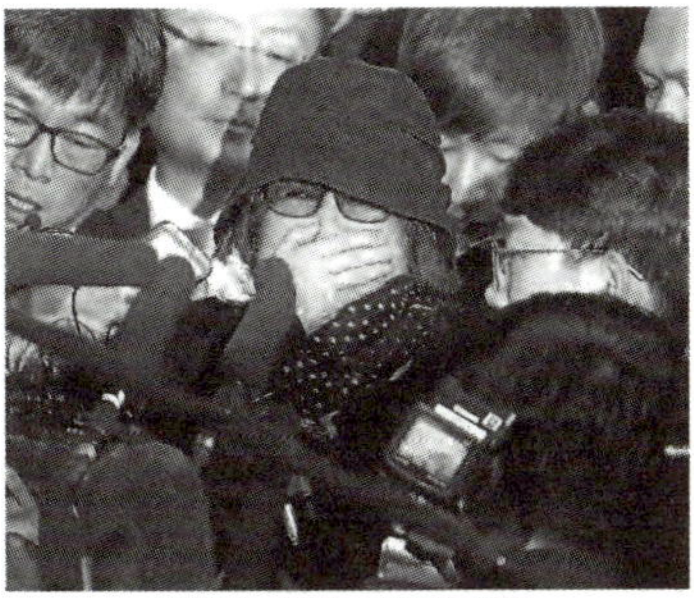

10月31日、ソウル中央地検に出頭した崔順実氏（中央）＝聯合ロイター

【ソウル＝井上宗典】韓国の朴《パク》槿《ク》恵《ネ》大統領(64)の友人女性が国政に介入した疑惑をめぐり、検察の特別捜査本部は10月31日、当事者の会社経営者崔《チェ》順《スン》実《シル》容疑者(60)を緊急逮捕した。崔氏は朴氏に国政の助言を与える一方で、大統領との特別な関係を利用して様々な不正を行った疑いがある。韓国国内では私人の国政介入を許した大統領への批判が噴出しており、朴政権は機能不全に陥っている。

＜関連記事3面＞

聯合ニュースによると、検察は、緊急逮捕した理由について、崔氏が一連の疑惑について容疑を否認しているほか、不安定な精神状態にあり、釈放した場合、「予期せぬ状況」が起きる可能性も考慮したという。

崔氏は31日午後、特捜本部が置かれているソウル中央地検に出頭した際、殺到した報道陣に「国民の皆さん、許してください。本当にすみませんでした」と涙声で述べた。崔氏は横領、背任、機密文書の漏えいを禁じた大統領記録物管理法違反などの疑いが持たれている。

朴氏は40年近くにわたって親しい関係の崔氏から、国政課題について様々な助言を受けていた。10月下旬に朴氏側近の秘書官が演説草稿や機密扱いの公文書を崔氏に渡していたことが明らかとなり、朴氏は国民への謝罪記者会見に追い込まれた。文書流出は、大統領記録物管理法に違反する疑いがある。

また、崔氏は、大企業が出資した民間財団の設立に深くかかわり、財団資金を自分が経営する会社の事業に流用して「私物化」していた疑惑も持たれている。財団設立には朴氏側近の秘書官が関与したとされる。

韓国国内では、朴氏への批判が高まっている。朴氏は10月30日、疑惑に関与した側近の秘書官を更迭するなどの人事を行ったが、支持離れに歯止めがかからない状況だ。辞任を要求するデモも各地で起きている。

今後は国政の停滞も予想されることから、与党「セヌリ党」指導部は30日、首相に大統領権限を大幅に委譲し、与野党が一致して支持する首相が政権運営の中心となる「挙国中立内閣」の設置を野党と朴氏に申し入れた。この提案に対して、最大野党「共に民主党」と「国民の党」は疑惑の究明を先に行うべきだとして対している。

混乱が続けば、在韓米への最新鋭ミサイル防システム「最終段階高高地域防衛（THAAD）配備や、慰安婦問題をめぐる日韓合意の履行など朴が推進する外交・安全保政策に影響が及びかねない。

トランプ氏 支持率接近

米大統領選 1ポイント差調査結果も

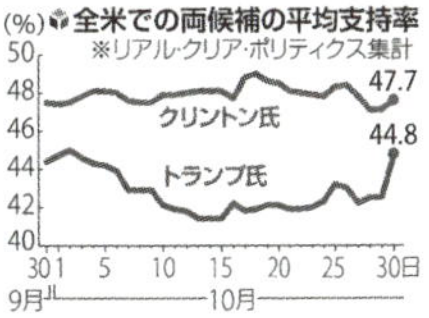

【ワシントン＝尾関航也】米紙ワシントン・ポストとABCテレビは10月30日、米大統領選の民主党候補ヒラリー・クリントン氏(69)と共和党候補ドナルド・トランプ氏(70)の支持率が、1ポイントの僅差に縮まっていることを示す合同世論調査結果を発表した。

米政治情報サイト「リアル・クリア・ポリティクス（RCP）」の同日の調査ではクリントン氏の支持率は47・7%、トランプ氏は44・8%で2・9ポイントの差だった。

連邦捜査局（FBI）はクリントン氏の新たなメール問題について捜査を始めており、投票日が迫る中、捜査の行方と選挙への影響が注目される。

10月25～28日に実施されたワシントン・ポストなの全米調査によると、支率はクリントン氏の46%対し、トランプ氏は45%。～23日時点ではクリントン氏が50%、トランプ氏が%で12ポイントの開きがあったほかの各種世論調査でも全米支持率では再び接戦様相が強まりつつある。

ただしRCPが各州の査に基づいて集計した30時点の選挙人獲得予想は、クリントン氏が26人を確保する勢いなのにし、トランプ氏は126

読売新聞2016年11月1日

性格がいまだに生きています。儒教の朱子学に刻印されています。

知識人が序列の上にくるというのが特徴です。知識人が政治を主導すべきだという規範が強いのです。そして、知識人は、単に知識が豊富だというのでは足りず、「正しさ」を体現しなくてはならないという通念があります。

政治的な主張をする市民団体も知識人主導です。そして、声高に自分たちの「正しさ」を主張して世論の後押しを受けることに成功すれば、影響力を確保します。こうした傾向は、左派の金大中政権の後半から浮上し、続く左派の盧武鉉政権で明確になりました。

独特の序列意識が強いが故に、韓国では「法の支配」は定着しません。

法の支配とは、権力者であれ、一般国民であれ、ルールを守らねばならないことを意味します。ルールの番人が司法です。

朝鮮民族に特徴的な序列意識は、左派と親和性があります。朴正煕政権は、元軍人が主流であり、経済テクノクラートを使って、経済建設という目標にプラグマティックな手法で取り組みました。

左派は、朴正煕政権に抵抗した知識人が主流です。

朴槿恵打倒

朴槿恵大統領は、女性の友人に国政介入を許した責任を問われ、国会と憲法裁判所の手続きにより罷免され、大統領の座から追われました。さらに刑事訴追されました。

崔順実という名の友人も、起訴されています。

2016年秋に、介入が発覚して以降の展開で、上に述べた序列意識が大いに発揮されました。スキャンダルが浮上した直後に、ある政府系組織の要職につく大学教授が崔順実という人物について、吐き捨てるように語った言葉が印象的でした。「あんな、大学をちゃんと出たかもはっきりしない女」。

崔順実被告は到底、知識人とは言い難い人物です。父親の新興宗教家が1970年代に朴槿恵にとりいりました。それ以降、崔順実はひたすら朴槿恵につかえて家族同様の仲になったのです。

朴槿恵大統罷免を伝える新聞記事

朴氏「重大な違憲」

韓国大統領 初の罷免

憲法裁宣告

【ソウル＝井上宗典】韓国の朴槿恵大統領(65)の弾劾《だんがい》審判で、憲法裁判所は10日、朴氏を罷免《ひめん》する決定を宣告した。裁判官8人（9人のうち欠員1）の全員一致で、友人による国政介入事件をめぐり、朴氏に罷免に値する重大な憲法・法律違反があったと認定した。1948年の大韓民国政府樹立以来、大統領罷免は初めて。朴氏はただちに失職した。大統領選が60日以内に行われる。5月9日の投開票が有力視される大統領選に向け、各党は選挙戦に突入する。

〈関連記事2・3・7・8・9・11・38面〉

朴槿恵氏（AP）

憲法裁の李貞美《イジョンミ》所長代行は宣告で、朴氏が友人の崔順実《チェスンシル》被告(60)の利益のために「大統領の地位と権限を乱用していた」と指摘。朴氏が秘書官を通じて崔被告が私物化していた財団の設立を指示し、崔被告と財団運営の意思決定に加わっていたと認定した。

その上で、秘書官を通じて大企業に財団などへの出資を求めた行為で、朴氏が憲法に規定された企業の財産権と経営の自由を侵害したと指摘。こうした憲法・法律違反は「国民の信任を裏切り、憲法秩序に及ぼす否定的な影響と波及効果が重大。罷免することで憲法を守る利益の方が圧倒的に大きい」とし、罷免に値すると結論づけた。

2014年の旅客船「セウォル号」沈没事故の対応は、弾劾審判の判断対象にならないとした。

朴氏の罷免を受け、大統領代行の黄教安《ファンギョアン》首相は10日、国民向け談話で「憲法裁の決定を尊重し、政府は非常事態への対応に最善を尽くす」と述べた。

朴氏は近く大統領府を去り、ソウル市内の私邸に移るとみられるが、この日は大統領府内の公邸にとどまった。朴氏は国政介入事件の捜査で共犯と認定されており、特別検察官から捜査を引き継いだ検察当局が今後、朴氏の逮捕・起訴に踏み切る可能性がある。

次の大統領選は憲法の規定で大統領失職から60日以内に行われる。投開票日は、黄氏が10日以内に公告する。5月第1週は休日が続き、投票率が低下するおそれがあるため、期限ぎりぎりの5月9日が有力とされる。韓国の政治空白が長期化することで、日韓関係への悪影響も懸念される。

井山棋聖5連覇

井山裕太棋聖

囲碁の第41期棋聖戦七番勝負（読売新聞社主催）、井山裕太棋聖(27)と挑戦者、河野臨九段(36)の第6局は9日午前9時から、新潟県南魚沼市の「温泉御宿龍言」で行われていたが、

いやま・ゆうた　1989年生まれ。大阪府出身。石井邦生九段門下。2002年入段。09年に名人を獲得して初タイトル。昨年4月に十段を獲得し、囲碁界初の七大タイトル独占を果たした。

東日本大震災　規模と被害

発生	2011年3月11日 午後2時46分
震源地	三陸沖、深さ24㌔
規模	マグニチュード9.0
最大震度	7（宮城県栗原市）
津波浸水域	6県 計約535平方㌔
[illegible]	1万5893人

読売新聞2017年3月11日

マスコミ報道で、国政介入疑惑が発覚したのは、２０１６年秋でした。朴槿恵大統領が演説の原稿を事前に崔順実に渡していたことが問題になりました。

もう一つの問題はカネが絡むものです。崔順実が関わっていた文化、スポーツ財団に対して、サムスンなど財閥が資金を拠出しました。朴槿恵大統領は、財閥に拠出するように働きかけたと指摘されました。

大統領ともあろうものが、得体のしれない女に依存していたことは、国民にとって衝撃でした。韓国人から、「恥ずかしい」という言葉をよく聞きました。

この衝撃が、朴槿恵大統領の罷免にいたるプロセスを動かしたのです。

日本にとっては韓国の不安定さが迷惑だ

日本では朴槿恵政権の時期から、韓国の政治文化は日本とは違うという認識が広まりました。一般的な日本人の感覚では、韓国で起きていることは理解に苦しむという印象を受けるのです。

２０１６年12月、釜山市にある日本総領事館前に慰安婦を象徴する少女像が建てられた一件がダメ押しでした。

元慰安婦を支援する市民団体が先に述べたようなメカニズムで影響力を確保していることが現れたのです。

日本と韓国は１９６５年に国交を結びました。その際の交渉では、韓国側は慰安婦問題を議題として提起していません。国交正常化を定めた基本条約で、付随するのが請求権協定です。協定では、請求権問題は、「最終的かつ完全に解決された」と明記されています。

１９９０年代に慰安婦問題が日韓間の問題として浮上します。その経緯については、関連本が数多く出ています。

日本政府は、アジア女性基金を作りました。基金は、61人の元慰安婦に「償い金」を支給しました。首相名義のお詫びの手紙も渡しました。

しかし、慰安婦問題に取り組む韓国の市民団体は、基金の活動に反対し続けます。

市民団体に沿った政策を打ち出したのは、左派の盧武鉉政権でした。２００５年に「民官共同委員会」が、慰安婦問題は１９６５年の請求権協定では解決していないと見解を出します。その理由を、「日本政府等の国家権力が関与した『反人道的不法行為』は、請求権協定で解決されていない」と説明しました。

２０１１年には、韓国の憲法裁判所が、韓国政府に対する注文をつける趣旨の判決を出します。慰安婦問題で日本と交渉しないのは、憲法違反の不作為だというのです。

朴槿恵大統領は、慰安婦問題で日本側に圧力をかけました。日本政府が慰安婦問題で誠意ある措置をとらないならば、首脳会談をしないとの姿勢をとったのです。アメリカの要人や第3国のマスコミ相手に、慰安婦問題で日本を非難しました。

こうして見ると、慰安婦問題での韓国の動きというのは、市民団体の意向に裁判所や政府がなびいて、日本に要求するという経緯です。

韓国の朴槿恵政権と日本は２０１５年12月、慰安婦問題で合意します。安倍晋三首相が謝罪し、韓国政府が作る元慰安婦支援財団に、日本政府が10億円出資するという内容です。合意は、これにより問題は「最終的かつ不可逆的」に解決されるとも、うたいました。

日本側が撤去を求めたソウル大使館前の少女像については、韓国側が「適切に解決されるように努力する」と約束しました。

朴槿恵大統領が国会の弾劾訴追で職務停止される政治混乱の中、市民団体が釜山の日本総領事館前に新たな少女像を建てました。

韓国のことをよく知る人が批判する

私はここ数年、日本と韓国のジャーナリスト、学者の交流を目的とする会合に、度々出席しました。

繰り返し発言したことがあります。日本で高まる韓国批判についてです。要点はこうです。

「韓国のことをよく知っている人、日韓関係のために努力した人が、韓国に失望している」

そうした日本の専門家の好例が拓殖大学前総長の渡辺利夫さんです。経済専門家で、まだ韓国経済が日本で一般に軽んじられていた1980年代から、韓国の発展の可能性に着目していました。

1996年に出版された『韓国経済入門』（ちくま学芸文庫）という本では、第3国への政府開発援助を通じた日韓協力の可能性を熱く説いていました。

「日韓がたがいに顔をみあわせるのではなく、日韓がその顔を日韓の外にある第三の対象にむけ、その第三の対象のなかで相互に協力しあう。そうすることによって日韓間に真のパートナーシップと信頼がつくりだされるのではないかと私は考える」（244頁）

その渡辺氏が、2014年にはどのような厳しい韓国評を書いたか。同年10月13日付産経新聞「正論」欄です。

「一体、どうして韓国はこうまで反日的なのか。一言でいえば、日本との関係において一度『歴史清算』をすまさなければ自分の足腰でまっすぐに立ってはいられないという韓国民の感覚のゆえである」

「歴史清算という果たせぬ夢を追いつづける幻想国家に未来は開けまい」

日本と韓国の関係には、どんな展望があるのでしょうか。

企業同士の連携は、互いに経済的な利益を追求する観点から行われます。文化交流も盛んです。互いに刺激を受けるからです。

しかし、国家と国家の関係が安定するかどうか。楽観的にはなれません。韓国が、国家として不安定だからです。

韓国はプレ・トゥルース（pre-truth）の国か？

この章では、グローバル化に適合した韓国で、民族の特徴である序列意識の強さや法治意識の弱さがむしろ目立っているということを説明してきました。

最後に、インターネットの世界で見えることを述べたいと思います。

筆者の仮説です。

「韓国は、プレ・トゥルースの状況にある」

プレ・トゥルースは、ポスト・トゥルースから作った造語です。

ポスト・トゥルースについては、「視点その3」で述べました。

近代という時代の特徴の一つが、客観的事実を共有しうるという了解です。事実を１００％確定できなくとも、それににじり寄ることはできるという信念です。

ジャーナリズムは、事実を追求すべき営みです。そうしたジャーナリズムが確立していたアメリカやイギリスで、ポスト・トゥルースと表現される現象が出てきました。

事実の確定、あるいは事実へのにじり寄りが求められる分野は、科学やジャーナリズムには限りません。司法、議会など広範囲に及びます。

さきほど述べた仮説は、以下のような意味です。

韓国では、事実確定の重要性という近代の常識が社会的に確立しないままに、ＳＮＳの時代に突入してしまった。

こういう仮説を立てるに至ったきっかけは、２０１４年4月に発生した旅客船「セウォル号」転覆・沈没事故でした。就学旅行の高校生ら３００人以上が死亡・行方不明となった痛ましい事故でした。

朴槿恵大統領は、事故発生の一報を受けてから7時間、公の場にでませんでした。いわゆる「空白の7時間」です。朴槿恵大統領は、この振る舞いのせいで、厳しく非難されます。

友人の国政介入事件で、大統領罷免を求めた勢力のスローガンの一つが、「朴槿恵退陣なくしてセウォル号真相解明なし」でした。

事故原因がわかっていないとの主張です。

私は違和感を覚えました。国家機関の海洋安全審判院は、船体の不適切な改造、過積載、操縦ミスなど複合的な人為的原因が重なったための事故だったと結論付けました。

船長ら関係者は、刑事裁判で裁かれ、罪が確定しています。裁判は、こうした原因を前提に進行しました。ところが、こうした事故原因を信じていない国民が大勢いたのです。

インターネットの世界では、セウォル号が沈没したのは事故ではない、故意に沈められたのだという説が拡散しました。

「故意による」と聞けば当然、誰が何の目的で？という疑問を抱きます。

流布したのは、人身御供《ひとみごくう》説でした。

崔順実の父親である新興宗教家は、１９９4年に死去しました。セウォル号が沈んだのは、その死去から20年に当たる時期でした。それで、高校生たちが生けにえとして捧げられたというのです。

このいけにえ説は「供養米三百石」という符牒とともに流布しました。「供養米三百石」という表現は、韓国の伝統芸能、パンソリの演目のひとつである「沈清歌」に由来します。３００超という死者・行方不明者の数からの連想でしょう。

セウォル号は潜水艦と衝突したという説も出ましたが、国防省が公式に否定しました。

セウォル号沈没は、事故か事件か。私は２０１７年2月、ソウルで知り合いの韓国人に聞いてみました。ある50代の左派知識人の答え。自分は事件だと思っているし、韓国人の95％はそう思っている。

ある80代の保守知識人の答え。あれは事故だ。韓国人の9割はそう思っている。

韓国では、セウォル号沈没の原因について、国民が一致した見解がないのです。韓国の深い闇を見る思いがします。

文在寅大統領は、セウォル号転覆・沈没の真相究明に乗り出すでしょう。どう決着をつけるのか、見守りたいと思います。

人身御供説はフェイクニュースなのか。私には、事実に基づいた判断ができません。そもそも誰が流したか分かっていないからです。しかし、フェイクニュースとは異なる感触があります。

アメリカ大統領選でのフェイクニュースは、特定候補を当選させるという政治的動機がはっきりしています。報酬目的でフェイクニュースをこしらえて流した人物の身元が判明したケースもあります。

韓国の場合は、朴槿恵大統領の権威を失墜させるという政治的効果は明確です。しかし、そもそもあれは事件に違いないという信念が働いていたとしてもおかしくないように思います。

セウォル号沈没

2014年4月16日（AP／アフロ）

引き揚げられたセウォル号

2017年3月23日（AP／アフロ）

朝鮮半島の地形と歴史

朝鮮半島の山地は東側にあります。西側は平坦です。侵攻を阻む自然の障壁に乏しいのです。

筑波大学教授の古田博司さんは、「行き止まりの廊下」と表現します。

朝鮮民族の歴史で重要なポイントは、北方から、侵攻を頻繁に受けたこと、そして封建制を経ていないということです。

日本は、戦国時代、江戸時代に封建制を経験しています。徳川幕府が支配していたとはいえ、地方ごとに藩主がいました。

李氏朝鮮と呼ばれる朝鮮王朝は、封建制ではありません。中央集権です。

封建制の歴史の有無の違いは、ソウルと東京のデパートの地下の食料品売り場に行けば、目で見ることができます。

東京のデパ地下には、地方の名産品が豊富です。地方ごとの歴史から生まれた名産です。この地方色に彩られた豊富な品揃えは、ソウルのデパートでは見られません。

韓国を複眼でとらえる

この章の冒頭で見たように、韓国は経済グローバル化の潮流に果敢に適合し、世界経済の中で一定の存在感を持つ国になりました。

また、自由選挙で国会議員や大統領を選ぶという意味で、民主主義国家です。マスコミが政府を批判する自由もあります。アメリカやドイツなど欧州国家の政治指導者は、韓国について価値を共有する国家だと表現します。

隣国、日本にとって、話はそれほど簡単ではありません。韓国の政治文化は、朝鮮半島が置かれた地理的条件や歴史によって形成されてきました。韓国特有の政治文化は、かつて朝鮮半島を植民地にした日本に対しては、むき出しで発揮されます。

２０１２年に第２次安倍政権が発足してから、首相の施政方針演説や外交青書における韓国の記述は変更されました。

２０１４年までは、「基本的な価値や利益を共有する最も重要な隣国」でした。

２０１５年には、価値の共有の部分が削除され「最も重要な隣国」となりました。直接的なきっかけは、産経新聞の前ソウル支局長が朴槿恵大統領の名誉を毀損したとして起訴された事件でした。

前支局長にはその後、無罪判決が出ました。

２０１５年末の慰安婦問題を巡る政府間合意で両国関係が改善に向かったことをうけて、２０１６年には「戦略的利益を共有する最も重要な隣国」と表現されました。

「戦略的利益」の共有には言及しても、「価値」の共有は復活していません。

両国の政府間の関係は、今後も山あり谷ありでしょう。それに従い、韓国に関する表現も変わるのかも知れません。

21世紀の十数年かけて、日本では、韓国が日本とは異なる政治文化の国であるということの認識が広がり、また深まってきたと思います。もはや「価値」の共有について安易に語ることはできないでしょう。

視点

その6

グローバル化した世界でも、核兵器は格別の強みとなる

北朝鮮の核開発

北朝鮮が日本まで届く核ミサイルを保有している可能性はある。
アメリカ本土に届くミサイルも開発中だ。北朝鮮の核問題は非常に深刻である。
通常戦力で劣る北朝鮮は核兵器を交渉の切り札にしているのだ。
さらに仮定の問題として、北朝鮮と韓国が統一した場合、核はどうなるのか？

なぜ、日本に住む私たちが北朝鮮のことを気にしなくてはならないのでしょうか。なぜ、日本のメディアは、北朝鮮に関連したニュースをこれほど多く、報じるのでしょうか。

最も重要な理由は、北朝鮮の核兵器開発が日本にとって脅威だからです。

この章は、その肝心な点を整理することから始めます。

すでに日本を核ミサイル攻撃できる能力を備えている北朝鮮

北朝鮮が日本にとって軍事的脅威であるのは、北朝鮮が日本まで届くミサイルを保有しているからです。北朝鮮は化学兵器を持っています。化学兵器をミサイルに搭載することができるのですから、日本は、北朝鮮の化学兵器搭載ミサイルの脅威に直面しています。

さらに深刻なのは、北朝鮮が、核弾頭を搭載したミサイル、すなわち核ミサイルを手にしようとしていることです。

北朝鮮は、核爆弾はすでに持っていると言えます。北朝鮮は、これまで（この本を書いている時点まで）、５回の核実験を行ったからです。最初の実験は２００６年でした。５回目は２０１６年でした。

５回も実験すれば、核弾頭を製造するほど、関連技術を向上させられるというのは、専門家の共通認識です。

問題は、北朝鮮が保有しているミサイルに搭載できるほどに、核弾頭が小型化されたかどうかです。北朝鮮は、小型化の技術を得たと主張しています。

日本、アメリカ、韓国の専門家たちは断定しません。最大公約数的にまとめれば、その可能性はある、ということです。

核弾頭が小型化されたか否かに疑問符をつけたまま、北朝鮮が保有しているミサイルについて整理します。

左頁の図は、北朝鮮の弾道ミサイルがどこまで届くかを示したものです。

実戦配備済の可能性が高いスカッドＥＲは、日本まで届きます。

同じく実戦配備されていると見られるノドンの射程に、日本の本土はほとんど入ります。

２０１６年に発射実験に成功したムスダンは、沖縄やグアムまで射程に収める目的で開発されたと推定されています。

２０１７年の2月、5月に発射実験に成功した火星12も、グアムを狙える射程であると推定されています。

沖縄、グアムはともに、アメリカ軍の西太平洋地域の拠点である基地が置かれています。

要するに、北朝鮮はすでに日本をミサイルで攻撃する能力を持っています。２０１６年以降は、沖縄やグアムの米軍基地を標的にできるミサイルの開発がかなり進んでいることを示しました。

上で言及した以外のミサイルも開発しています。固定燃料を使った北極星2型は、従来の液体燃料を使うミサイルに比べて発射準備時間が短いので、奇襲能力に富みます。潜水艦搭載の弾道ミサイルもあります。

では、アメリカ本土までミサイルで攻撃できるのでしょうか。

北朝鮮は２０１７年7月4日、火星14という新型弾道ミサイルの発射実験を行いました。国営メディアは「大陸間弾道ミサイル（ＩＣＢＭ）」の発射に成功したと報じました。韓国政府の推定では、射程は７０００〜８０００キロメートルで、アラスカまで届く計算です。

次第にアメリカにとっても北朝鮮が直接的な脅威になってきたわけです。

２０１７年4月、トランプ大統領は、国連安全保障理事会の大使たちとの昼食会で、北朝鮮の核問題の解

北朝鮮の弾道ミサイルの射程

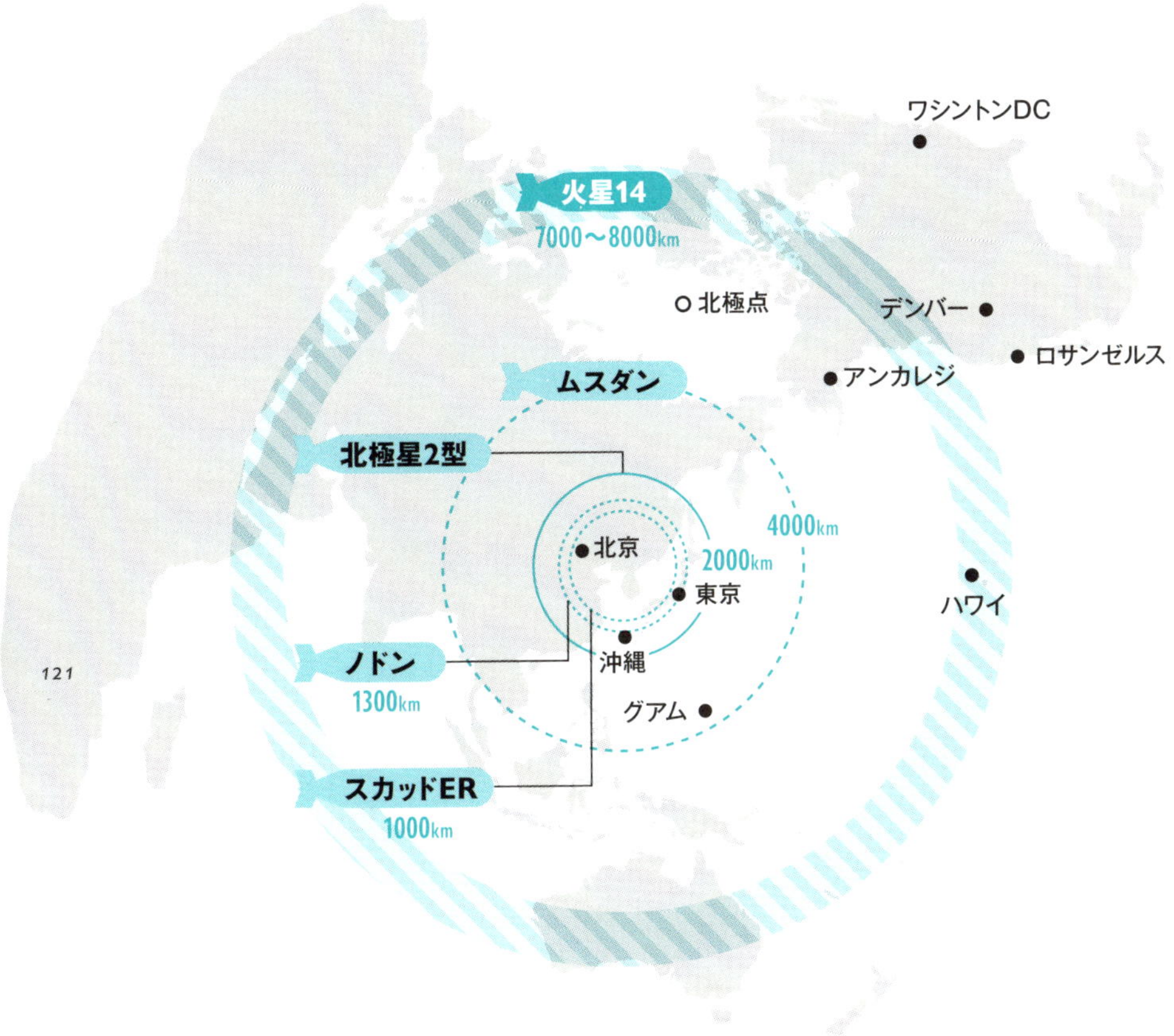

読売新聞をもとに作成

決に向けて、協力を求めました。

ついにアメリカの大統領が、こういう表現で北朝鮮の核問題の重大さを訴えるようになったのか。そんな感慨を覚える発言でした。

北朝鮮の現状は、受け入れ難い。安保理は、北朝鮮の核・弾道ミサイル計画に、強力な追加制裁を科す準備をしてもらいたい。これは真に世界への脅威なのだ……北朝鮮は、世界にとって大きな問題であり、我々はこの問題を何十年間も見て見ぬ振りをしてきたが、今や問題を解決する時だ。

オバマ前政権まで、北朝鮮の核問題は北東アジア地域の問題でした。トランプ政権は、アメリカが取り組む外交・安全保障の問題の中で、北朝鮮を格上げしたのです。

トランプ政権の北朝鮮問題への取り組みで、評価できる点があります。これまで20年以上にわたってアメリカ歴代政権が北朝鮮の核問題でとってきた政策が功を奏さなかったことを、はっきり認めた点です。北朝鮮の核問題の深刻さを直視しなくてはなりません。

ドイツで起こった「核の傘」を巡る議論

トランプ大統領の登場が、国際社会に与えた衝撃がいかに大きかったか。

その一つの表れは、ドイツで、「核の傘」を巡る議論が起きたことです。

東西ドイツ統一を実現しようとした西ドイツが、繰り返し表明したのは、統一ドイツは核武装しない、ということでした。アメリカ、イギリス、フランス、ソ連が東西ドイツに統一を認めた「2プラス4条約」でも、統一ドイツは核拡散防止条約に留まると明記されました。

ドイツは、日本と同様に、アメリカから「核の傘」の提供を受けてきました。違いは、アメリカもドイツもNATOという多国間の軍事同盟のメンバーであり、アメリカの核兵器がNATOの枠組みに組み込まれていることです。

そのドイツのメディアで、トランプ当選・就任をきっかけに、アメリカが核の傘を提供しなくなったらどうすべきか、という議論が浮上したのです。

トランプが、就任前に、「NATOは時代遅れ」といった、NATO軽視の発言をしたためです。

ドイツの有力紙「フランクフルター・アルゲマイネ」（電子版、2016年11月27日付）は、米国が欧州防衛を欧州に委ねることで、「ドイツ人にとっては全く考えもしないこと、すなわち独自の核抑止能力という問題」が起きる可能性を指摘しました。

トランプ大統領が就任後、NATO重視へと路線を修正したため、ドイツでアメリカの「核の傘」を巡る議論が盛り上がることは当面なさそうです。

しかし、どの国が核兵器を持ち、その「傘」をだれに提供するか――この問題が、国際社会の基本問題であることは、変わりありません。

トランプは、大統領選の過程では、韓国や日本の核武装を容認するかのような発言をしました。政権発足後は、両国に対して、米国の核の傘を提供し続けると明言しています。

核拡散防止条約（NPT）体制からの脱退を宣言した北朝鮮

ある国が核兵器をもつことが、許されるのかどうか。これについての国際的な取り決めが核拡散防止条約（NPT）です。1968年に原加盟国が調印し、1970年に発効しました。日本は1970年に調印しました。

この条約には、核兵器保有が認められる国が5つ明記されています。アメリカ、ソ連（現在はロシア）、イギリス、フランス、中国です。すでに核兵器を開発・保有していた国の権利は認められたのです。ちなみに、この5か国は、国連安全保障理事会の常任理事国5か国と同じです。

核兵器を持てる国と持てない国にわけるのは不平等ではあります。しかし、核保有国が増え続けるのを防ぐためには、こういう方式しかなかったのです。

NPTに加盟せずに核兵器を開発し、保有するに至った国もあります。インドとパキスタンは、この道を歩み、核保有を公言しています。

　イスラエルは、核兵器を保有していると見なされています。イスラエルの国家としての方針は、核兵器保有について肯定も否定もしない、というものです。

　北朝鮮は２００３年、ＮＰＴから脱退すると一方的に宣言しました。

北朝鮮は大陸間弾道ミサイルの開発でグローバル化を図る

　グローバルという言葉が世の中に溢れています。この本でも、東西冷戦終結でグローバル化が加速したという表現をしてきました。「グローバル」は、英語のglobe、すなわち地球という単語と同根です。

　インターナショナル、すなわち国際的という単語の場合は、国家・国民（ネーション）がまずあって、それらを包括するというニュアンスがあります。

　国境を越える経済現象を指そうとして、グローバルという単語が使われ始めたのでしょう。

　ミサイルについて議論する時には、地球儀が役立ちます。

　ある大陸間弾道ミサイルの射程が分かっていたとして、そのミサイルがどこまで届くのか、地球儀では歪みなく表示されます。

　北朝鮮は、経済のグローバル化に着目すれば、孤島ともいうべき国家です。しかし、弾道ミサイルの開発という手段によって自らをグローバルな存在に高めようと図っていると言えます。

米国は韓国、日本の核武装を懸念

　北朝鮮の核問題を解決するために6か国協議という会合が開かれたことがあります。韓国、北朝鮮、中国、ロシア、日本、アメリカの6か国です。アメリカの大統領は当時ジョージ・W・ブッシュでした。

　北朝鮮が核やミサイルの開発をしている。それにより、韓国が脅かされるし、日本も脅かされる。アメリカもこれは解決しなくてはならないと考えています。

けれども、なかなかうまくいかないので中国にやってもらおうと中国に主導権を渡してできたのが、6か国協議です。

会議は2003年から2008年まで何度も開かれ、北朝鮮が核兵器及び核計画を放棄することに同意したこともあります。しかし、実際は放棄しなかったわけです。北朝鮮としては、核を持っていないと体制が維持できないと考えているからです。6か国協議での合意は、絵に描いた餅に終わりました。

アメリカにとって、北朝鮮の問題は、中東の問題に比べて、それほど重要ではありませんでしたが、どんどん重要性を増しています。北朝鮮のミサイルの性能が向上しているからです。

米朝関係に詳しい伊豆見元教授は、静岡県立大学を退官するにあたり2016年1月、退官講義をしました。その中で興味深いくだりがありました。

私のメモでは、1990年代の北朝鮮の核問題についての次のような発言でした。

米国は核拡散を気にしていた。北朝鮮が核兵器を持ったら、韓国を刺激し、日本も刺激する。米国は北朝鮮の核をおさえられず、北朝鮮は4回目の核実験をやった。それでも韓国、日本は核武装に走らない……。

北朝鮮の国家としての持続力については、アメリカのクリントン政権の見方も甘かったのです。北朝鮮の核開発を凍結させるために、1994年に「枠組み合意」を結びました。

毎年重油50万トンを北朝鮮に提供する。日本、韓国などの資金で、北朝鮮内に軽水炉型の原子炉2基を建設する。まさに大盤振る舞いです。

こんな北朝鮮に甘い合意を結んだのは、どうせ北朝鮮の体制は長持ちしないだろうという判断が働いたからでした。北朝鮮が核武装する事態を当面回避すればよいという内容でした。

それから20年以上経っても、北朝鮮の独裁体制は続いています。金正日から金正恩と、世襲で権力者が代わりました。そして核開発が進行し、核ミサイルの脅威は現実になりつつあります。

北朝鮮はしぶとい国家です。

北朝鮮が核武装を図る動機

「視点その5」の冒頭で述べたように、韓国と北朝鮮の体制間競争は、経済に着目する限り、韓国の勝ちで決着がつきました。

それでも、国家対国家の競争は、まだ決着がついていないのです。

朝鮮民族が二つに分かれて韓国と北朝鮮という2つの国家があり、どちらも自分たちの国こそ正統性を持つ国家だと主張している。そういう構図は変わりません。朝鮮労働党の規約は、党の大目標として、「全社会の金日成・金正日主義化」を掲げています。すなわち韓国を吸収する「赤化統一」です。

北朝鮮は、韓国に対して優位に立てる可能性を二つの分野で見ています。一つは軍事力、もう一つはイデオロギーです。この章では軍事力について扱います。

軍事力は、大量破壊兵器と通常戦力に分類されます。大量破壊兵器は、核兵器、化学兵器、生物兵器を指します。通常戦力は、それ以外を指します。

自衛隊は大量破壊兵器を持っていません。通常戦力とは何かと言えば、自衛隊の武器体系を思い浮かべればよいでしょう（ここでは、憲法第9条にある「戦力」の定義を巡る議論には立ち入りません）。

韓国の同盟国はアメリカです。米韓相互防衛条約によって、北朝鮮が韓国を攻撃した場合、アメリカは韓国を防衛します。韓国にはアメリカ軍が駐屯していますし、戦争になれば日本などに駐屯しているアメリカ軍が朝鮮半島及びその周辺に派兵されます。

もし北朝鮮が韓国を通常戦力だけで攻めて戦争になったらどうなるでしょうか。米韓同盟が勝利を収めるのは確かです。

通常兵器では太刀打ちできない北朝鮮は、核ミサイルの開発に力をいれてきました。

北朝鮮にとってアメリカの軍事力は脅威です。朝鮮戦争で実際戦ったのですから、実力はよく分かっています。アメリカに対する自衛として核兵器を持つというのが北朝鮮の論理です。

北朝鮮は核保有国としての立場を確立して、アメリカとの交渉に臨むことをもくろんでいます。朝鮮戦争の休戦協定を平和協定に転換すべきだと主張していま

朝鮮戦争

ソウルで戦闘中のアメリカ海兵隊員。1950年9月29日（AP／アフロ）

す。平和協定締結に伴い在韓米軍を撤退させるというのが、北朝鮮のベストシナリオです。

朝鮮戦争で アメリカと中国が戦った

朝鮮戦争は、１９５０年に始まり53年に休戦協定が結ばれました。

北朝鮮軍が韓国に攻め込んで勃発しました。アメリカ軍が国連軍の主力として韓国を助けに行きました。最初は苦戦しましたが、そのうちアメリカ軍とその指揮下の韓国軍のほうが優勢になって、北朝鮮の中にどんどん入って行きました。

そういう状況の中で今度は中国が参戦します。正式な参戦ではなかったのですが、義勇軍という形で、中国の部隊が朝鮮半島に入り、アメリカ軍、韓国軍と戦い、押し戻しました。

東西冷戦の中でも、実際に戦争は起きたのです。アメリカ軍と中国軍は実際に戦ったことがあるのです。

　戦局は結局、今の軍事境界線付近で膠着状態となり、そして休戦協定が結ばれました。韓国と北朝鮮の間には国境はありません。あるのは軍事境界線です。

　中国としてはアメリカの軍事力との間で緩衝地帯があったほうがよいのです。韓国にはアメリカ軍が駐屯しています。もし北朝鮮の金正恩体制が崩壊して、韓国が北朝鮮を吸収する形で統一したら、中国はそのアメリカ軍と直に向き合うことになります。

　そういう事態は避けたいというのが、中国の基本的な、戦略的な立場です。だから、中国は北朝鮮の今の体制の崩壊は望んでいないわけです。


　国際政治学者の神谷不二さんに『朝鮮戦争』という本があります。1966年に初版が出された古い本です。朝鮮戦争の研究では、東西冷戦終結後、旧ソ連の資料を利用できるようになりました。神谷さんの本は、それ以前の仕事です。主にアメリカの資料に依拠しています。

　にもかかわらず、神谷さんの『朝鮮戦争』は今日読んでも、古い感じがしません。朝鮮戦争が、冷戦の構図にどのように影響したかを見抜いたからです。


「朝鮮戦争をきっかけにして、アメリカは『封じこめ』をヨーロッパ大から世界大へ拡大するとともに、それを主として軍事力の次元で考えるようになった」（神谷不二『朝鮮戦争――米中対決の原形』中公文庫、1990年、199頁）

　アメリカは、朝鮮戦争を契機に西ドイツの再軍備を促進しました。日本の自衛隊創設も同様の文脈でとらえることができます。

　1950年代の朝鮮戦争は、戦後日本の歩みを大きく左右したのです。今日の朝鮮半島に、アメリカや中国がどう対応するかは、単に特定の危機の克服がかかっているだけでなく、今後の日本の針路を左右するのではないでしょうか。

韓国人の核武装願望に注意せよ

　北朝鮮が5度目の核実験を行った直後の2016年

9月24日付の朝日新聞でこんな記事を読みました。

世論調査機関の韓国ギャラップは23日、北朝鮮による5度目の核実験を受け、韓国で58%の人が自国の核保有に賛成しているとする調査結果を発表した。反対は34%だった。1月の4度目の核実験直後の調査では、全体で54%の人が核保有に賛成し、38%が反対していた。（以下略）

核実験直後の反応であるという側面はあります。それを考慮に入れても、韓国人は核兵器を保有したいのだなという感想は禁じえません。

北朝鮮と統一を果たせたと仮定して、その統一韓国、あるいは統一朝鮮が、核兵器を持っていたほうがよいと思うのか、持っていないほうがよいと思うのか。

私は、このテーマについて、日韓のジャーナリスト・学者が交流する会合で、何度か質問をしたことがあります。韓国人は核を持ちたいのかどうかを、知りたかったのです。

韓国側からは、明瞭な答えを得たことがありません。

韓国がアメリカと同盟関係にある今日の状況下では韓国が独自核武装するのは非現実的だ、という答えは聞きました。それは確かにそうだと思います。アメリカにとって、核の不拡散は大方針です。

南北が統一した場合を考えると、そう簡単には言えません。統一韓国が、アメリカとの同盟関係を維持できるのかどうか、そもそも欲するのか否かだって分からないのですから。

視点
その 7

宗教を知れば世界が見える

アラブの春から「イスラム国」へ

「アラブの春」後、中東には混乱が続いている。
さかのぼれば、欧州列強による第1次世界大戦の戦後処理が禍根を残したと言える。
「イスラム国」は列強によって勝手に引かれた国境を否定する動きでもある。
ヨーロッパ起源のネーション・ステートが問い直されているのだ。

この章では、国際情勢を読む上で宗教という観点が必要だということをお話ししたいと思います。

その前段となる話ですが、そもそも現代世界では宗教が興隆しているのです。

最も単純なアプローチで、世界の主な宗教の信者数を見てみましょう。ピュー・リサーチ・センターの資料で、2010年の統計と2050年の予測をグラフにしました（次頁の図参照）。

一番信者が多いのがキリスト教で、次がイスラム教です。いずれも増加が予想されます。

キリスト教は、カトリックとプロテスタントに分類されます。

現代は宗教興隆の時代

近年、特に注目されるようになったのは、アメリカでの宗教と政治の関連です。

米国での福音派の影響力が増大したことが重要です。福音派とは、プロテスタントですが、伝統的な宗派とは異なる新興勢力です。「ボーン・アゲイン」（生まれ変わった）という宗教的体験を重視するのが特徴です。

ジョージ・W・ブッシュが2000年の大統領選で当選した要因として、福音派の信者の間でブッシュへの支持率が高かったことが指摘されます。

その後の大統領選でも、有力候補とキリスト教との関係が話題になりました。

世界の主要宗教の信者数

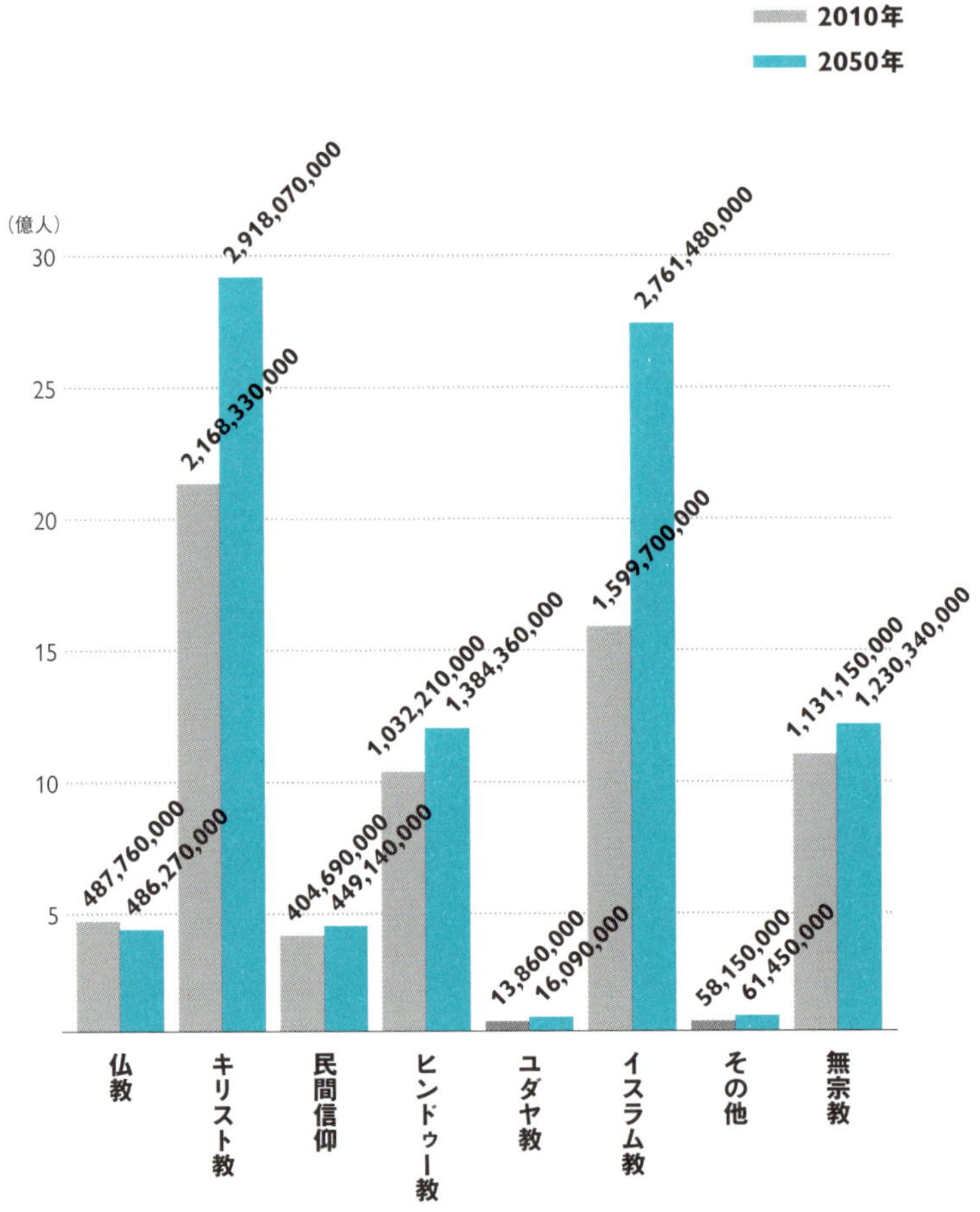

ピュー・リサーチ・センターの資料をもとに作成

バラク・オバマが当選した選挙戦の過程では、ある牧師との関係が問題になりました。オバマの親しい黒人牧師が「金持ち白人が社会や文化を牛耳っている」といった過激な説教をしていた映像が、テレビやネットで流されたためです。

トランプ大統領は、プロテスタントの長老派の教会に所属しています。個人的には、ニューヨークのノーマン・V・ピールという牧師の強い影響を受けたことを公言しています。ピール牧師が書いた「積極的考え方の力」というベストセラーがあって、日本語版も出ています。

選挙戦で福音派の支持をとりつけたことが、トランプ当選の一因です。

白人福音派は有権者のうち26%を占め、その80%が大統領選でトランプに投票したという調査もあります（日本国際問題研究所『米国の対外政策に影響を与える国内的諸要因』２０１７年、第15章の藤本龍児「トランプ現象の震源：反グローバリズム？／文化戦争／宗教復興」）。

ペンス副大統領は、代表的な福音派の政治家です。「視点その３」で「多文化主義」の伸長によりアメリカで深刻なあつれきが起きていることをとりあげました。

アメリカにおける文化を巡る対立は、宗教抜きでは語れません。同性婚、妊娠中絶といった問題への立場は、キリスト教の信仰と深くかかわっているからです。

私は、国際情勢を読む上で、宗教の重要性を認識するのに時間がかかりました。

欧州での体験が邪魔した面があります。

宗教の動向という面では、欧州は例外なのです。欧州では、20世紀後半にキリスト教の教会組織の影響力が減じました。言い換えれば、社会の世俗化が進んだのです。

わかりやすい現象を挙げれば、日曜日に教会に行く信者の割合が減りました。キリスト教や教会を批判したり風刺したりすることも、許容されるようになりました。

「イスラム教」と「アラブ」というキーワード

21世紀に入って、「イスラム」という単語が、日本のマスコミにも大量に登場するようになりました。きっかけは、イスラム過激派組織・アルカーイダが2001年9月11日に、アメリカで同時テロを引き起こしたことです。

この本では、「国家」「国民」「民族」の関係を具体的な事例に即しつつ見てきました。ここからはキーワードに「イスラム」を加えて、中東で起きたこと、起きつつあることを取り上げます。

中東は地理の用語です。次の図は、中東においてイスラム教徒とアラブがどんな関係にあるかを示しています。それぞれの楕円は、人間集団を表しています。

アラブというのは、アラビア語を母語とする人々です。

イスラム教徒の楕円とアラブの楕円が重なった部分は、アラビア語を話し、イスラム教徒である人々です。

中東の人口を宗教別に見れば、イスラム教徒が多数派です。もちろん他の宗教を信仰する人々もいます。キリスト教徒、ユダヤ教徒の存在を忘れることはできません。

イスラム教徒にとっての理想の信徒集団を「ウンマ」と表現します。人種や肌の色は、関係がありません。国境という枠は高い敷居ではないのです。

ウンマは、グローバルな理念だと言えます。

社会学者の橋爪大三郎さんは、イスラム法学者の中田考さんとの対談で、イスラムとキリスト教文明の基本的な発想の違いを説明しています。

「イスラームはユニバーサリズム、普遍主義です。全人類がこの運動に参与し、人類全体がムスリムになると何の問題もない、むしろそれは理想だと、こういう考え方です」

「それに対して、キリスト教徒は、信仰を世界に広めようとしているけれど、実際にやっていることは、主権国家をつくり、キリスト教国家の連合体をつくり出して、その主権国家で人類全体を覆

イスラム教徒とアラブ

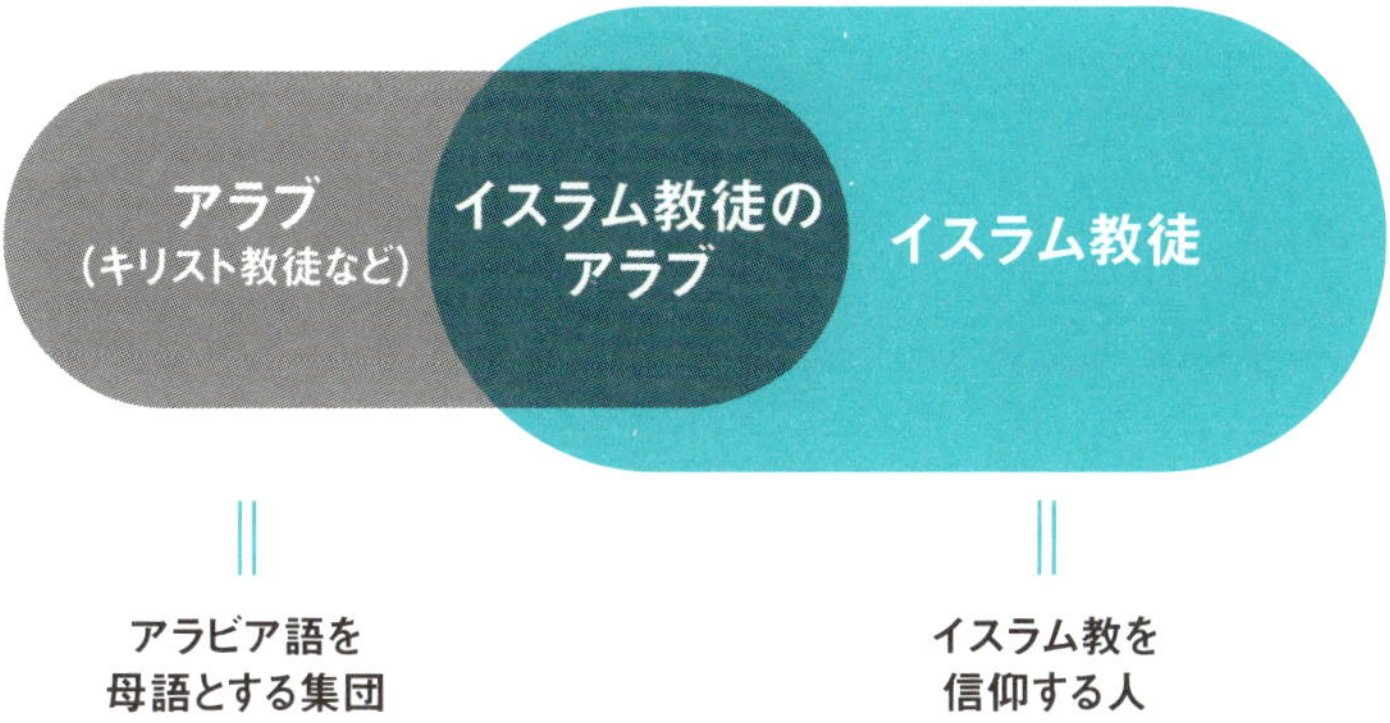

いましょうと、こういうことを言ってるわけね」（中田考、橋爪大三郎『クルアーンを読む』太田出版、2015年、284〜285頁）

主権国家というのは、ネーション・ステートと同様、近代欧州が生んだ考え方なのです。

アラブ諸国で構成する「アラブ連盟」という組織があります。ある中東専門家の日本人外交官から「アラブ連盟首脳会議の雰囲気は日本の知事会に似ている」という印象を聞きました。

なぜ似ているかというと、アラブ連盟首脳会議に参加する各国指導者は皆、アラビア語を話すからです。通訳を必要とする国際会議とは違うのです。

アラブ世界に関して、「ナショナリズム」を論じる場合、「アラブ・ナショナリズム」という言い方をします。

アラブ・ナショナリズムというのは、一国単位のナショナリズムではなくて、アラブ全体の一体感を重視する思想です。19世紀後半に盛んとなりました。「アラブの覚醒」と呼ばれます。

この章では、「アラブの春」と呼ばれる現象にも言及します。

実は、「アラブの春」という名称が、中東地域にふさわしいのか、疑問があります。

変革の動きを指して「○○の春」という言い方は、ヨーロッパ的です。東西冷戦中の1960年代後半、チェコスロバキアで、共産党が自ら部分的な自由化に乗り出した時には、「プラハの春」と呼ばれました。

「アラブの春」と言うと、東欧諸国の変革を連想します。それは、アラブ世界で起きたことを虚心坦懐に観察する妨げになりかねません。

「第2のアラブの覚醒」という表現が本来、ふさわしかったと思います。

欧州列強による第1次世界大戦の戦後処理が問題を生んだ

中東地域で人口、歴史、影響力が揃った大国といえば、エジプト、トルコ、イランでしょう。

それぞれイスラム化する以前からの長い歴史を誇っています。

そして国民の国家への帰属意識が強いことも共通しています。

この3国の中でアラブ国家はエジプトです。トルコはトルコ語、イランはペルシャ語と言語が異なります。

中東地域には、こうした長い歴史を誇る国家がある一方で、第1次世界大戦後に、欧州列強の談合によって国境が引かれて作られた国家もあります。

地球儀を見ると、ヨーロッパと中東は地中海を抱くような格好をしています。ヨーロッパと中東をひとつのまとまりとして見る視点が有効です。

欧州列強による中東支配が露骨に形をとったのは、第1次世界大戦後の戦後処理です。

第1次世界大戦でオスマントルコは、ドイツの側に立ってイギリスと戦い敗れました。オスマントルコは崩壊します。陸軍将校だったケマル・パシャの奮戦により、トルコは領土を縮小されながらも国家として存続します。

トルコが支配していた地域に、イラク、シリア、ヨ

サイクス・ピコ協定によるオスマン帝国領の分割案

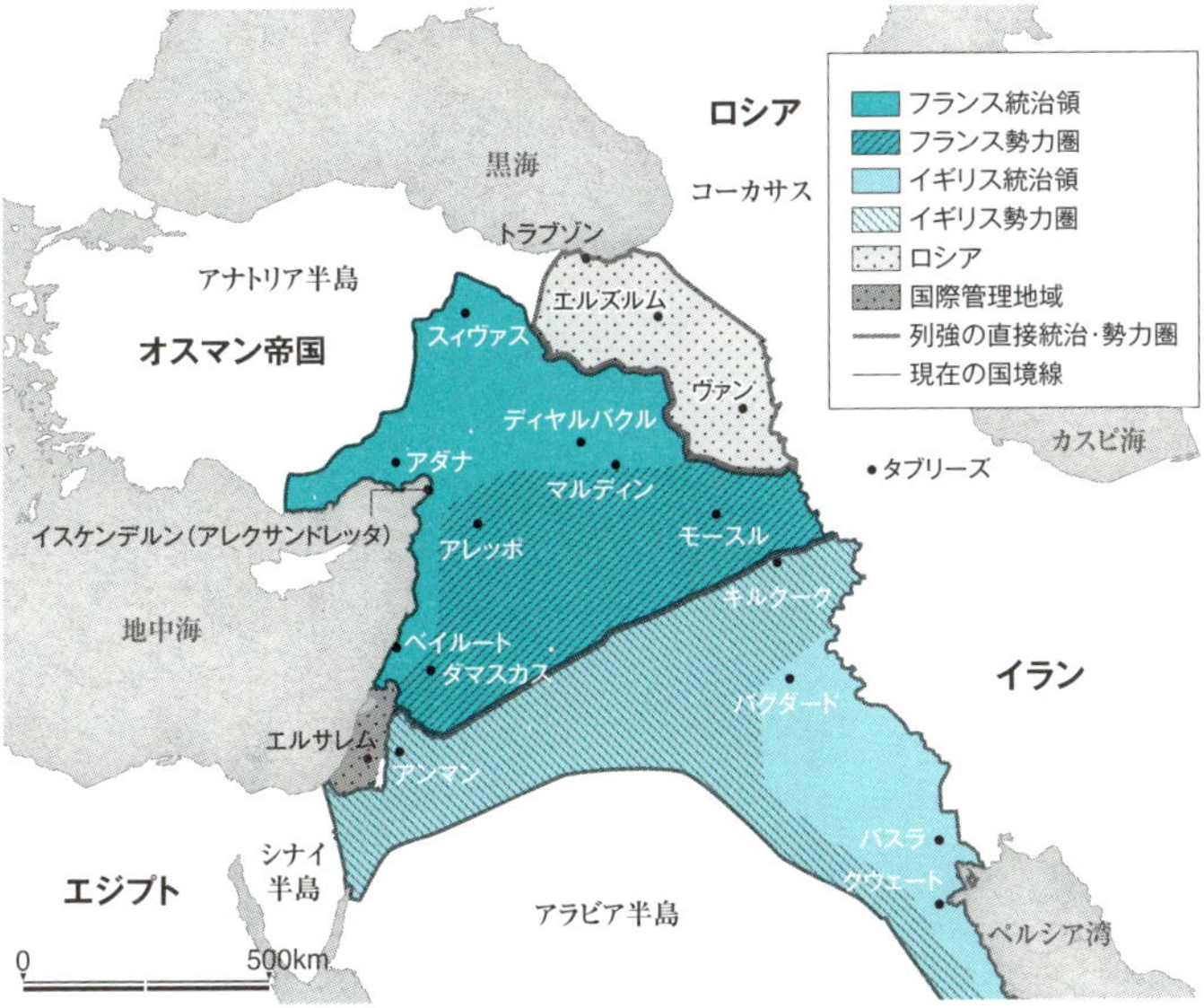

ルダン、レバノン、サウジアラビアなどが建国されます。

中東における戦後処理で新たな国境の線引きを決めたのは、イギリスとフランスが１９１６年に結んだサイクス・ピコ協定と、トルコと列強による１９２０年のセーブル条約、１９２３年のローザンヌ条約でした。

先走りして言えば「イスラム国」が２０１４年にシリア、イラクにまたがる地域を支配したことは、第1次大戦から1世紀年経って、大戦後の秩序を崩したと言えます。

しぶとい国家、エジプト

「アラブの春」の最大の焦点はエジプトでした。

エジプトは、中東地域の大国の一つです。

エジプトは、石油資源はそれほどありません。その歴史、人材の厚み、国際政治での重要性から、中東の雄国なのです。

「アラブの春」という変革の時期に、エジプト

ムバラク大統領の退陣を要求するため、
カイロ中心部のタフリール広場に集まった群衆

2011年2月1日（読売新聞）

視点

その（ **7** ）

宗教を知れば世界が見える

が経た変遷は、次のようなものでした。

・北アフリカ・チュニジアに端を発した反体制デモがエジプトに飛び火した。
・約30年間、この国のトップに立っていたホスニ・ムバラク大統領が失脚した。
・軍が統治した。その下で、民主化のプロセスが進行した。
・民主的選挙で、ムスリム同胞団のムハマンド・ムモルシが大統領に当選した。
・軍がクーデターで、モルシ大統領を失脚させた。
・軍の中心人物のアブドルファタハ・シシ前国防相が、大統領選で当選し、就任した。

中東諸国の人口の年代別構成を見ると、日本に比べて若い層の割合がはるかに大きいのです。教育水準はあがってきた、しかし就職はなかなかできない。抗議活動が広がった背景には、そんな不満がありました。

活動に参加した若者たちは、インターネットを利用しました。たとえばフェイスブックでデモや集会を呼びかけたのです。

若者に続いて声をあげたのは、イスラム教の信仰に基づき社会活動を行う組織です。エジプトではムスリム同胞団という組織が強力でした。ムバラク大統領は、この組織が力を持つことを警戒して取り締まっていました。それでも、合法・非合法の両面で活動を広げていました。

選挙をして分かったのは、ムスリム同胞団の組織力が他の政党や組織を上回っており、同胞団が勝利するということでした。

「アラブの春」の激動の中で、エジプトは2回憲法を改正しました。

ムスリム同胞団出身のモルシ大統領が在任していた２０１２年と、シシ将軍による事実上のクーデターの後である２０１４年です。

２０１４年の憲法、すなわち現行憲法の英訳を読んで前文に圧倒されました。

「エジプトは、ナイル川のエジプト人への賜物であり、エジプト人の人類への贈り物である」（エジプトのState Information Serviceのサイト）

なんという自信でしょうか。前文は、古代から現代に至るエジプトの歴史を叙述していますが、自国の文明に対する強烈な自負心に貫かれています。

調べてみると、2012年の憲法の前文にも自国の歴史に対する誇りが表明されていました。

ある日本の中東専門の外交官から聞いた話です。

「アラブの人は、かつて自分たちが世界の中心だったという誇りを持っている。日本人が持っていない誇りだ」

この誇りは歴史に根ざしたものです。歴史家、ウィリアム・H・マクニールの『世界史』（中公文庫、2008年）の上巻207頁にこう書いてあります。

「紀元前五〇〇〇年から、紀元一五〇〇年までの約二千年間には、世界の文明生活の中心地のどれかひとつだけが、一頭地を抜きんでるということはまったくなかった。それ以前には中東が第一位を占めていて、近隣の諸地域や、さらにその先の諸地域にも、時には遠い距離を越えて影響を及ぼしていた」

エジプトは、「アラブの春」で権力のありかが、軍→ムスリム同胞団→軍とめまぐるしく変わりました。それでも国家が崩壊することはありません。

その理由は、軍の存在感が大きいことです。もう一つは、過去の偉大さに関する集団記憶が国民を結びつける糊として働いているからです。

「視点その4」で紹介した言葉がありました。「欧州を真に団結させているのは、諸帝国の色あせた記憶なのだ」というものでした。

欧州が15世紀に始まる「大航海時代」に、言い換えれば近代に飛躍的な発展を遂げる前には、欧州は中東のような文明の中心地ではありませんでした。

それなのに、近代に欧州との関係が逆転します。中東の多くの地域は、イギリス、フランスの支配下に置かれます。

現代の中東の人々が、ヨーロッパ、アメリカを見る時の心の底には、こういう思いがあるでしょう。本当は、というのは何世紀か歴史を遡ればということですが、自分たち中東のほうが上だったのに、今では連中が威張っている。

本当は自分たちより下のはずの人間が、自分たちより上に立っている。こう感じた時に生まれる屈辱感は強力です。ねじれがあるだけに巻かれたバネのようなエネルギーを持っているのです。

「アラブの春」のキーワードは、「尊厳」

「アラブの春」で、街頭に出てデモに参加した人の心情を考えます。アラブの国々では、反体制運動は厳しく取り締まられていましたから、デモに参加するには、勇気が必要だったでしょう。恐怖を乗り越える劇的な心理的な飛躍が起きたはずです。

キーワードは、「尊厳」です。アラビア語で「カラマ」という単語です。

エジプトでのデモで盛んにこの単語がスローガンとして使われているという記事を読み、気になっていました。

２０１２年2月、国際交流基金の招待で来日したアラブの若者たちと会う機会がありました。

その一人である32歳の銀行員、イブラヒム・ファラグさんに、「アラブの春」でカイロのタハリール広場に集まった人々がよく使ったスローガンを教えて欲しいと頼みました。「尊厳」、「変化」、「自由」との答えでした。

ある日本語・アラビア語の通訳から、「カラマ」は「人間としての当然のあり方」という意味だと教わりました。

「尊厳」を求めるということは、別の言い方をすれば、「バカにするな」という感情だと思います。この感情はとても根深いと思います。人間性に根ざしているというか、根源的というか。

１９８９年11月の東ベルリンで、デモの参加者が抱いた思いと相通じるものを感じました。

もろい国家、シリア

シリアの大統領は、バッシャール・アサドです。父親のハフェズ・アサド大統領の代から40年以上続く独裁です。「アラブの春」が飛び火して、２０１１年３月頃に各地で反アサドのデモが始まりました。アサド政

「イスラム国」はイラクとシリアで国土を分断した（2014年6月時点）

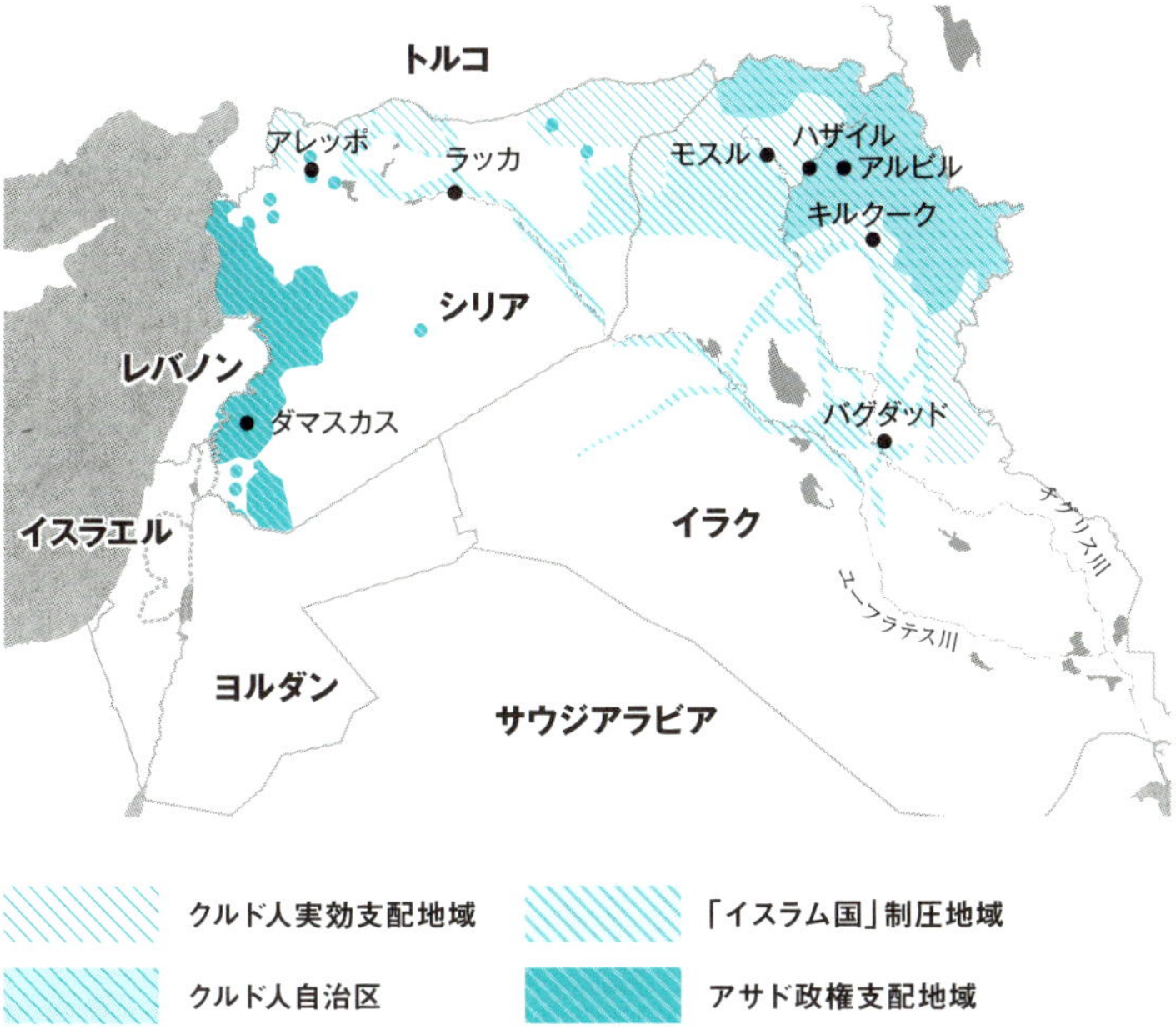

読売新聞をもとに作成

権は、軍を動員してデモを弾圧しました。

内戦が始まりました。いろいろな勢力が、それぞれ武力を用いて、それぞれ支配地域を持つ。勢力同士で交戦するという状態になったのです。

前頁の図を見てください。2014年6月現在のシリアの情勢です。

一目見るだけで、これは分からないよと思ったのではないでしょうか。いかにも複雑です。そして始末の悪いことに、情勢は流動的で変わっていきます。この図は、ある時点の状況を切り取ったものに過ぎません。それぞれの勢力が支配している地域は、大きくなったり小さくなったりします。

それでもこの図に付き合うことには意味があるのです。

先のいくつかの章で、国家、民族をキーワードにして、世界で起きていることについて考えてきました。もう一つ、「宗教」という要素を加えなければなりません。

図には、アサド政権が支配している地域が示されています。シリアという国家が存続しているのです。


クルド勢力の地域があります。クルドは民族です。

そして過激派組織「イスラム国」の地域もあります。この過激派は、イスラムの教えに基づく国家を作ると称しています。実態は暴力を肯定する過激派ですが、宗教を実践しているのだと主張しています。

反体制組織の地域があります。反アサド政権の勢力です。

アサド政権と反体制の対立というのは、片方に国家があり、もう片方は、独裁者を倒して国家権力を握ろうという勢力の対立です。

この対立も宗教と結びついています。

アサド政権はイスラム教シーア派の政権です。より正確に言えば、シーア派の一派であるアラウィ派の政権です。大統領がアラウィ派の信徒であり、アラウィ派の人材を重用しています。

一方、反体制派はイスラム教スンニ派からなっています。

シリアでは、もともと人口比では、スンニ派が多数派で、アラウィ派が少数派でした。しかし、政権はアラウィ派に基盤を置いていました。国家のタガが緩むと、スンニ派の不満が反体制派という形で現れたのです。

やはり複雑です。シリアは中東情勢の縮図です。その地図に取り組むことは知的訓練になります。

グローバル化の鬼っ子「イスラム国」

われわれは、インターネットを通じて、世界中の人とつながることができます。「イスラム国」のようなイスラム過激派が、急速に勢力を拡大できた理由の一つは、インターネットの普及です。

あなたがたとえばフランスのイスラム系移民の子供だと想像してください。

あなたの名前、肌の色は、親が中東出身者だということを物語っています。それ故に、就職差別に遭う。社会に対して不満を抱く。そしてインターネットでイスラム過激派のサイトに接する。そこでは、あなたがなぜ差別されているかを説明し、戦うべき敵を示し、あなたが無条件に受け入れられる共同体があると紹介している。あなたは、そのインターネットの世界に引き込まれ、現実の生活を変えようと決心する。そしてシリアに行き、過激派に加わり、自分を差別した者たちとの戦いに加わる……。

EUのテロ対策官が2017年3月に明らかにしたところによると、欧州からシリアやイラクに渡ってイスラム過激派組織「イスラム国」などに加わった欧州出身者は約5000人と推計されます（読売新聞2017年3月23日）。

イスラム過激派は、インターネットを活用している。第1次世界大戦後にひかれた中東の国境を根本的に否定している。そういう意味で、グローバル化時代の産物と言えるでしょう。

無論、負の産物です。

イスラム色の強まるトルコ

トルコは、日本と縁のある国です。

オスマントルコは、ロシアと戦争を繰り返しました。19世紀大英帝国とも影響圏の奪い合いを演じました。

にオスマントルコは、じりじりと押されていきます。日本が1904年~1905年の日露戦争で勝ったことで、トルコの人々が日本に対して格別の感情、プラスの感情を抱くようになりました。

2012年の第2次安倍政権発足後、安倍首相はトルコの指導者レジェップ・タイップ・エルドアンと頻繁に会いました。ウマが合うのです。

そのトルコで重要な変化が起きています。イスラムの将来に関わる変化です。

第1次世界大戦でオスマントルコが崩壊した後、ケマル・パシャの指導の下、世俗主義を国是とする国家再建が行われました。国民の大多数は、イスラム教徒です。それでも憲法で世俗主義をうたい、カリスマ的指導者であるケマル・パシャが国民を教化したのです。軍が世俗主義を守る役割を果たしました。

トルコは、イスラム世界独特の民主化のモデルとして注目されました。

エルドアンが率いる政党、公正発展党は、イスラム色が強いことが特徴です。2002年の選挙で勝利し、それ以降、政権を担っています。エルドアンは、2003年から首相を務め、2014年に大統領になりました。そして大統領権限を強化する憲法改正に乗り出します。

2017年4月に、大統領権限の強化の是非を問う国民投票が行われ、是認されました。

欧米のマスコミは、エルドアンに対して批判的です。特に、2016年に軍の一部によるクーデター未遂が起きてから批判が激しくなりました。エルドアン政権が、クーデターを謀った軍人だけでなく、「ギュレン派」を公職から追放したことが大きかったのです。「ギュレン派」は、イスラムの教えを基盤にした社会運動組織です。エルドアン自身が、イスラムと結びついた政党を率いていることを考えると、広い意味のイスラム陣営内の内輪もめです。

EUとトルコの関係は微妙になりました。

トルコはEU加盟を目指し、EUとの間で2005年に加盟交渉が始まっていました。

欧州への難民大量流入への対処でも、トルコはかなめです。トルコは、シリア難民を最も多く受け入れて

トルコ軍の一部によるクーデター未遂を伝える新聞記事

トルコ軍　一部反乱

16日、トルコの首都アンカラで、軍の戦車に乗る人々（ロイター）

クーデター企て

大統領「鎮圧」と宣言

各地で爆発60人死亡

強権政治に反発

【イスタンブール＝青木佐知子、カイロ＝溝田拓士】トルコ（国）で15日夜（日本時間16日未明）、軍の一部が首都アンカラや最大都市イスタンブールでクーデターを企てた。エルドアン大統領は16日未明、イスタンブールのアタチュルク国際空港で記者会見し、「クーデター（の動き）を鎮圧した。事態を掌握している」と述べた。反乱軍は両都市で戦車やヘリコプターを展開。ロイター通信によると、当局は少なくとも60人が死亡したと明らかにした。これまでに約330人が逮捕され、兵士が投降する動きも報じられている。情報は錯綜《さくそう》しており、緊迫した情勢が続いている。〈グラフ2面、関連記事3・10・11面〉

クーデターの企ては、エルドアン氏の強権的な政治手法に対する動きともみられている。同国西部で休暇中だったエルドアン氏は急きょ、イスタンブールに戻り、「衝突は一部で続いているがすぐに解決する」と空港で述べた。エルドアン氏は反乱軍に抗議するよう市民に呼びかけ、街頭には群衆が繰り出して、抗議を行っている。

反乱軍が15日夜、国営テレビTRTのアナウンサーに、「正当性を失った行政府は退陣に追い込まれた。国の全権を掌握した」との声明を読み上げさせ、クーデターの動きが本格化した。アタチュルク国際空港やアンカラの国会を戦車が取り囲み、主要道路の一部などを閉鎖したという。市内では、銃声が散発的に続き、国会で爆発音も発生。各地で爆発が相次ぎ、反乱軍と政府側の交戦で、緊迫した状況が続いた。

地元メディアによると、軍が与党・公正発展党の本部に突入したとの情報もあった。イスタンブール市内を走行する戦車の映像が放映され、アジアと欧州の両大陸を結ぶボスポラス大橋の一部も閉鎖されている。

ボズダー法相は事件について、同国内の有力イスラム穏健派組織「ギュレン運動」を支持する一部の軍人による犯行との見方を示した。しかし、ギュレン運動側は「非常に無責任だ」と反論。トルコは国民の大半がイスラム教徒だが、厳格な世俗主義が国是だ。ギュレン運動は、有力な宗教指導者のギュレン師を信奉するネットワークで、現代世界との調和を主張する。世俗主義的な価値観と対立せず、影響力が大きい。軍は世俗主義の側に立っている。

トルコではこれまでも軍によるクーデターの企てが起きている。エルドアン氏は2003年から首相を務め、強権的な政治手法でイスラム色の強い政策を進め、軍部と権力闘争を重ねてきた。従来は名誉職とされた大統領に14年に就任したが、実権は握ったままだ。

現政権は、ギュレン運動をテロ組織とみなし、関係者を逮捕したり、関係する有力日刊紙ザマンを政府の管理下に置いたりするなど、強硬に対応していた。

16日、トルコ・イスタンブールのアタチュルク国際空港で、支持者に囲まれるエルドアン大統領（中央）＝ロイター

（国）トルコ　面積約78万平方キロ・メートル、人口約7874万人。1923年建国で、これまでに3度、軍事クーデターが起きた。欧州と中東とをつなぐ要衝に位置し、国際安全保障上でも重要な役割を果たしている。親日国としても知られる。外務省によると、2014年10月時点の在留邦人数は2049人。

米・EU「政府支持」

【ワシントン＝尾関航也、ニューヨーク＝水野哲也】米ホワイトハウスによる「国事に軍が介入することは容認できない」とする声明を出した。欧州連合（E

18日の夕刊と19日朝刊休みます

あさって18日（月＝海の日）は新聞制作を休み、18日の夕刊と19日（火）の朝刊は休ませていただきます。ご了承ください。

読売新聞社

よみうり寸評

先月、パリ…街にある…会計検査院…た。18…ナポレオン…

読売新聞2016年7月16日夕刊

いる国です。国連難民高等弁務官事務所ＵＮＨＣＲの統計では、２０１７年４月現在、トルコが受け入れたシリア難民は約３００万人にのぼりました。

欧州へ向かう難民の主要なルートは、トルコからギリシャの島に渡り、そこからバルカン半島経由でドイツや北欧へ、というものでした。

ＥＵは２０１６年３月、トルコとの間で、協定を結びました。トルコからギリシャに密航して来る「難民」は、原則トルコへ送り返すというのが柱です。

報道で「難民」と称される人々の中には、国際条約の難民の定義に当てはまる人もいれば、主に経済的な理由で移動する「不法移民」もいます。前者は保護するけれども、後者は送り返す。そういう趣旨の取り決めでした。引き換えに、ＥＵはトルコにおけるシリア難民受け入れを財政的に支援することになりました。

この協定が効果を発揮して、トルコからギリシャへ入る、広義の難民は激減しました。

トルコのＥＵ加盟交渉の前途は明るいものではありません。

ＥＵ側は、エルドアンの強権政治を問題視しています。政権に批判的なメディアに圧迫を加えていることなどが問題になっています。トルコ側でも、ＥＵ入りを目指す熱意は薄れています。

そもそも、ＥＵはトルコと加盟交渉は始めたものの、加盟の実現性は疑わしかったのです。２００７年に就任したフランスのサルコジ大統領は、はっきりとトルコ加盟に反対していましたし、メルケル首相も消極的でした。

トルコの人口は、約８０００万人で、ＥＵの中で最多のドイツとほぼ同じです。それほど大きいイスラム教国を受け入れられるのか。最初から疑問符がついていたのです。

欧州の政治家は、「トルコがイスラム教徒が大多数の国だからＥＵ入りは無理だ」とは言いません。第三者としてはそこに偽善を感じます。

欧州で頻発するテロ

中東において欧州の遺産が崩れ始めただけではあり

「イスラム国」の支配地域は大幅に縮小している

▼
▼
▼

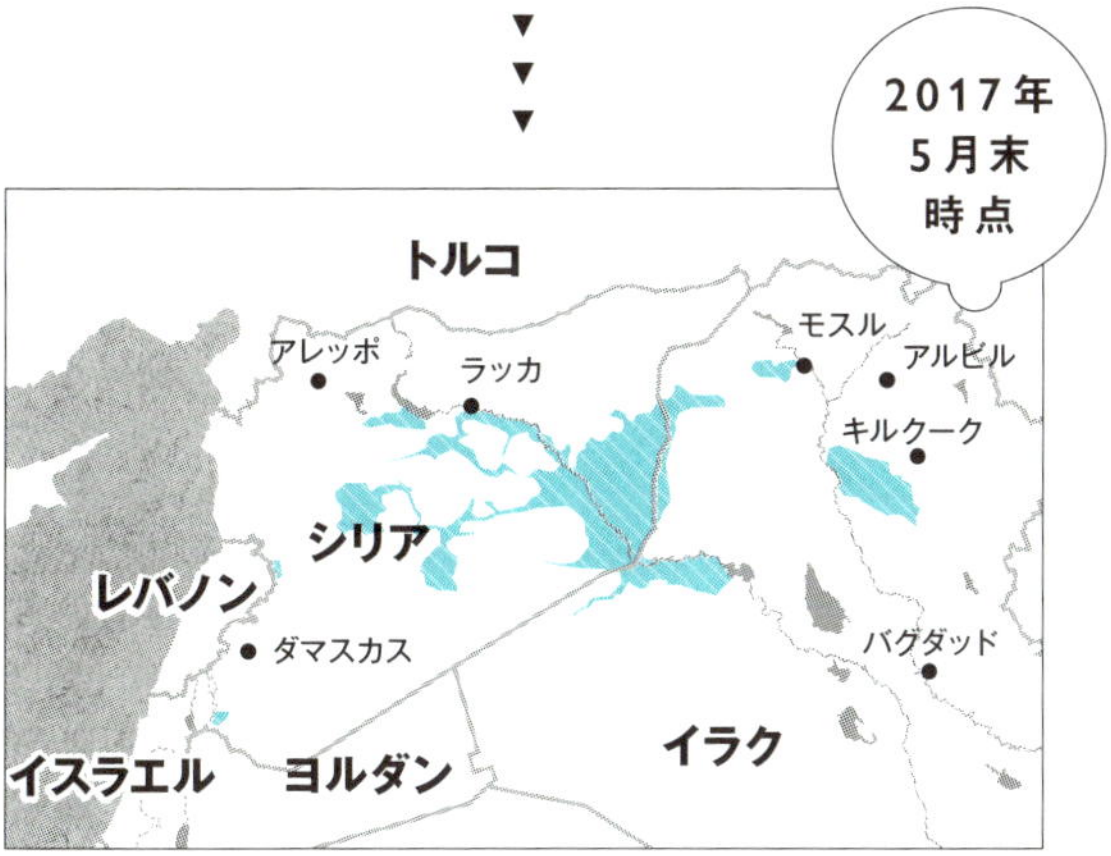

読売新聞をもとに作成

ません。

「アラブの春」以降、欧州は中東、イスラムとの関係に苦悩しています。

難民問題についてはすでに「視点その4」で述べました。ここではテロについて考えます。

2015年1月、パリで、イスラム過激思想に感化されたアルジェリア系フランス人の兄弟が、政治週刊紙「シャルリー・エブド」本社を襲撃し、12人を殺害しました。

この新聞が、イスラムの預言者、ムハンマドを風刺する漫画を掲載したことが理由でした。

この事件は、欧州におけるイスラム過激派の大規模テロの時代の幕開けでした。

パリではこの年の11月に、劇場やレストラン、競技場が襲われ、130人が犠牲になりました。「イスラム国」が犯行声明を出しました。実行犯グループには、フランスやベルギーで育ち、イスラム過激派思想に染まったという特徴がありました。

それから、ベルギーのブリュッセル、フランスのニース、ベルリン、ロンドンで、イスラム過激思想が背

景となったテロが起きています。欧州では、日常生活がテロと背中合わせになったと言っても過言ではないでしょう。

テロリストが生まれる背景

一連のテロに関する報道をつきあわせると、犯人の多くには共通点があります。一つは、欧州で生まれ育ったことです。英語で「ホームグロウン」と言います。もう一つは、イスラム過激思想の影響を受けたことです。

欧州で育って言葉の上では、その国の言葉、例えばフランス語を使いこなせる。しかし、社会になじめない。疎外感を感じる。そしてインターネットを通じてイスラム過激思想に接する。

このようにしてテロリスト予備軍が生まれています。

背景には、第2次大戦後欧州の移民受け入れがあります。西欧の諸国は、経済成長期に、労働力不足を補うために、中東から労働者を入れました。

受け入れ国にとって誤算だったのは、労働者が出稼

ぎに終わらず、住み着き、子供を作ったことです。移民2世世代の問題の発生です。

移民2世が教育を受けて、それぞれの国の国民になりきれるか。もちろん成功例もあります。けれども、多くの2世は、そうならなかったのです。

欧州のある国に住む移民、すなわちイスラムの文化や生活習慣を持つ集団に関して、国家がどのような政策をたてたか。それは国ごとに違います。数十年の年月をかけた試行錯誤でした。

「アラブの春」、大量難民流入、そして欧州における「反イスラム」政党の伸長。こうした時期を経て、欧州諸国の「内なるイスラム」への対応には、一定の方向が出てきています。

移民の子孫にも、既存の社会秩序は守ってもらう。この要請を強調するということです。

裏側から表現すれば、「多文化の共存」という理想を追求しない、ということです。

２０１７年3月、オランダで下院選が行われました。既成「反イスラム」政党の躍進が懸念されていました。既成政党を率いるマルク・ルッテ首相が、選挙を前に出した新聞広告が話題になりました。

社会秩序を守らない人は出て行ってほしい、という趣旨の箇所があったからです。移民、その2世世代、そして新たに入ってくる難民に対して、多くの有権者が抱いている不満を意識したのでしょう。

単なる選挙戦術と片付けられません。選挙というせっぱつまった状況だから、オブラートに包まずはっきり言ったのでしょう。

フランスで勢力を伸ばしている極右政党・国民戦線のルペン氏は、２０１７年4～5月のフランスの大統領選で、イスラム過激派と関係する二重国籍者からフランス国籍を剥奪するという公約を掲げていました。

アメリカのトランプ大統領を扱った「視点その3」で、藤本龍児さんの「多文化主義」に関する議論を紹介しました。

これを欧州にも当てはめることができると思います。

一つの国の中に様々な文化グループがあっても、それを結びつける、伝統的文化を尊重すべきだとの声が強まっています。

視点

その**8**

民主主義は後退する局面にある

プーチン**大統領**のロシア

世界規模で民主主義が後退しているという調査結果がある。民主化を試みたがうまくいかず権威主義に戻った国家が多い。その典型がロシアだ。プーチンがクリミア編入など国際的な批判を招く行動をとるのはなぜか？　そしてロシア国民はなぜ彼を支持しているのか？

フリーダムハウスというアメリカの民間組織があります。毎年、世界中の国の政治的自由度に関する報告書を出しています。特徴は、各国の政治的自由度に点数をつけることです。

25の項目を立てて、項目ごとに採点し、それを積み上げてその国の政治的自由度のスコアを決めるのです。

項目には、例えば、「国会議員は自由で公正な選挙で選ばれているか」「自由で独立したメディアが存在するか」「集会、デモ、開かれた公共の討論の自由はあるか」「独立した司法制度が存在するか」などが含まれています。

スコアは、１００点満点で、点数が多いほうが自由度が高いことを意味します。

フリーダムハウスは、このスコアに加えて、世界中の国を「自由」、「部分的に自由」「自由でない」の３つに分類しています。

その出し方は、少し複雑です。先ほど言及した25項目は、「政治的権利」「市民的権利」の二つに分かれています。それぞれについて、7段階評価して、平均を出します。その数字により、「自由」「部分的に自由」「自由でない」に振り分けられます。

世界規模で見ると民主主義は後退している

最新のレポートFreedom in the World 2017を見てみましょう。２０１６年の状況に関する報告です。みなさんもインターネットで検索すれば、原本は容易に見つかるはずです。

日本のスコアは96で「自由」に分類されています。

参考に、この本で取り上げた国のスコアと分類を列挙します。

アメリカ	89	自由
イギリス	95	自由
ドイツ	95	自由
フランス	90	自由
ロシア	20	自由でない
中国	15	自由でない
日本	96	自由
韓国	82	自由
北朝鮮	3	自由でない
エジプト	26	自由でない
トルコ	38	部分的に自由

フリーダムハウスがやっていることの意義を感じ取れるのでは、と思います。

25の視点を準備して、世界中の国を片っ端から採点

していく。毎年同じことをする。そこから浮かびあがってくる構図を読み取ろうというわけです。

各国の民主主義の度合いを点数にするという調査は、フリーダムハウスのものが最も有名ですが、イギリスのＥＩＵ（The Economist Intelligence Unit）というシンクタンクも、２００６年から行っています。

この二つの機関は、欧米中心の視点から、こうした作業をしていると言えるでしょう。フリーダムハウスの場合でいえば、欧米で発展してきた「政治的自由」とは何かということを、さきほどあげたような多数の項目で表現し、それでもって世界各国に点数をつけているのですから。

欧米中心であることは否めないけれど、それでもこうした調査は役に立つのです。同じ方法で、毎年数字を積み重ねていき、それを公表することで様々な比較が可能になるのです。

少し飛躍した言い方になりますが、いかにもアングロサクソン的だな、という印象を受けます。

「民主主義とは」「政治的自由とは」といった理念の世界で議論するのではなく、世界各国の事実を拾い集め

世界の政治的自由度　11年連続で低下している

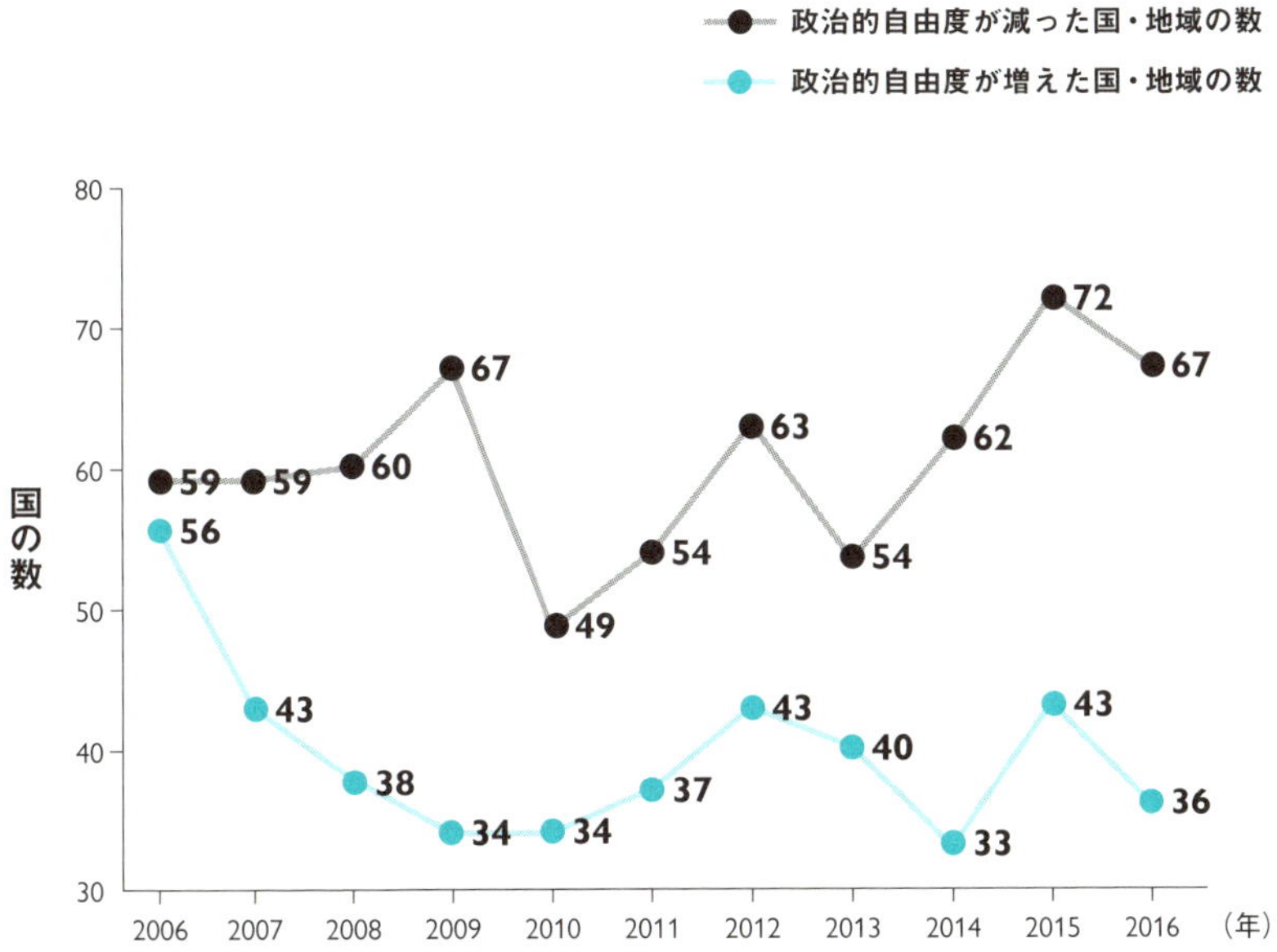

Freedom in the World 2017（フリーダムハウス、2017年）より

るという作業が基礎になっているからです。フリーダムハウスの２０１７年版の報告書では、時系列的な変化について、「11年間連続の低下」という指摘をしています。

先ほど説明したように、各国の政治的自由度にスコアがついています。２０１６年のスコアを２０１５年と比較して、増えた国・地域は36。減ったのは67でした。減ったほうが多いのです。

２００６年から11年連続こうした低下傾向が続いています。前年よりスコアが減った国・地域の数が、スコアが増えた国・地域の数を上回っています。

ＥＩＵのレポート（Democracy Index 2016）にも、２０１６年の各国の民主主義度のスコアと２０１５年の比較が出ています。スコアが増えた国・地域が38に対し、減ったのは72です。

国ごとに事情は異なる

フリーダムハウス、ＥＩＵともに、世界的な規模で見れば、民主主義が後退局面に入っている傾向を指摘しています。その要因は、次のように整理できます。

▼旧ソ連・東欧圏で共産党独裁体制が崩壊したが、ソ連の後継国家ロシアでは民主主義が定着しなかった。

▼ＥＵの加盟国になったポーランド、ハンガリーでもここ数年、民主化に逆行する動きが見られる。

▼「アラブの春」で、アラブ諸国が民主化に向かうという期待は裏切られた（チュニジアは、貴重な例外です）。

▼中東の民主主義のモデルになるのではと期待されたトルコで、民主化が後退している。

▼アメリカでトランプ氏が大統領に当選した過程で、アメリカの民主主義への信頼が揺らいだ。

民主主義の後退といっても、その実態は国ごとに異なっています。民主主義が安泰な国もあります。

比較政治学が専攻でアジア経済研究所に所属する川中豪さんが、フリーダムハウスなどの調査結果を巡る専門家の議論を整理しています（川中豪「『民主主義の後退』論をめぐって」川中豪編『発展途上国における民主主義の危機』調査研究報告書、アジア経済研究所、２０１６年）。

その中で紹介されていて興味深いのは、「現在進行しているのは、民主主義の後退ではなく、権威主義の強化だ」という見方です（川中前掲論文２頁）。

川中さん自身も、フリーダムハウスの調査結果を分析し、２０００年代に入ってからの自由度の減少傾向は、「自由」な国が減少したことというより、むしろ「部分的自由」な国が減少し「自由でない」国が増加したことによると主張しています（川中前掲論文５〜６頁）。

私なりに解釈すれば、民主化を試みたけれどうまくいかずに権威主義に逆戻りした国家が多いということです。

その典型がロシアです。フリーダムハウスのレポートによると、ロシアの政治的自由度のスコアは、この10年間で12ポイント落ちました。「ベルリンの壁」崩壊で象徴されるソ連圏における共産党独裁体制の終焉は、西ヨーロッパから東への民主主義の拡大をもたらしました。

民主主義が勝利したという楽観論が、東西冷戦の勝者だったアメリカ、そして劇的な変化が起きたヨーロッパから生まれたのは、無理もありません。

東西冷戦の終わりから30年近く経った今日、旧共産主義国家も時間の経過とともに民主化するという楽観論は、通用しそうにありません。しかし、その裏返しの悲観主義からも距離を置くべきです。

理想や理念やモデルから出発して、ある国の動向を割り切ろうとすれば、世界観がどんどん狭くなってしまう――私たちはそんな時代に生きているのです。

それぞれの国家の事情をくみとる謙虚な行為が必要です。ここではロシアについて試みましょう。

ロシアは、「ネーション・ステート」が あてはまらない国

プーチン氏は、２０００年に大統領に就任しました。原油価格の高騰という追い風のおかげで、経済を安定させ２００8年まで大統領を務めました。当時は大統領任期が2期8年に限られていたので、２００8年から２０１２年は首相となり、２０１２年に大統領職に復帰します。任期は2期12年に延長されたので、２０２４年までの長期政権を視野に入れています。

国内では、体制に批判的なマスコミを締め付けるなど、強権的な統治を行います。２０１４年のクリミア併合で、米欧と対立し、Ｇ8から排除されてしまいました。

ハーバード大学のリチャード・パイプスというロシア研究者が書いた『共産主義が見た夢』（クロノス選書、２００７年）に、ロシアのお国柄を考えさせるデータがあります。

ソ連の共産党独裁体制の支配層のことを、ノメンクラトゥーラと言います。政治権力だけでなく、物質的な特権も享受していました。この本によると、ソ連崩壊時に、ノメンクラトゥーラの人口に占める割合は、家族を含めて１・５％と概算されます。この数字が、18世紀のロシア帝政下の貴族の割合に相当するというのです。

帝政は、１９１７年に革命で打倒されました。帝政であれ、共産党独裁であれ、同じくらいの割合が特権層だったことになります。

プーチンのロシアではどうなのか。説得力のある推計にはまだ出会っていません。権力者がいて、特権階層があって、一般国民がいるという図式は、やはり通用するはずです。今日のロシアの特権階層は、オリガルヒと呼ばれる新興財閥ボスや政財界のエリートらです。

ロシアにおける民主主義の後退をどうとらえればいいのでしょうか。

１９９０年代から通算20年以上モスクワに在住し、ロシア社会を観察してきたモスクワ大学講師、佐藤雄亮さんに聞きました。佐藤さんは、トルストイの研究者です。ロシア人の心情の深みを感じ取り、ロシアで

今日起きていることと結び付けることができるすぐれた観察者です。
すこし長くなりますが、佐藤さんのメールによる回答を紹介します。

ロシア人の世界観というか世界感覚、価値観からはじめますと、欧米流の民主主義というのは、ロシア人には根本的にピンと来ないところがあると思われます。民主主義は、みんな対等、おんなじ、だれのやることも考えることも平等という、一種の相対主義です。何か絶対的なイデーとか価値とか、かつての神のような絶対的な存在は無いわけですが、こういうのがロシア人にはどうもなじまないと、日々感じております。

ロシア人というのは、個人のモラル、生活から、国家の政治、外交まで律してくれる、唯一絶対のイデーをどうしても求めたがるのです。帝政時代のロシア正教も、ソ連時代の社会主義も、まさにそうしたものとして心理的に機能していたのです。こういう唯一の教えを奉じ、他にも広めねばならぬ、というメシアニズムがここから、論理必然的に出てきます。ところが、連邦崩壊後は、そんなイデーがありませんから、ロシア人は心理的にとても不安定なのです。

もし、そうした絶対的イデーがないのなら、その追求、実現に人生を賭けることができないならば、あとはもうどうでもいい。酒でも食らっていたほうがいい……。ロシア人は、こういう、すべてかゼロかという感覚の人たちなのです。だから、ふだんは酔いどれ、なまけものですが、なにかのきっかけで豹変することがある。ナポレオンもヒトラーも、普段の酔いどれぶりを見て、なめてかかったのですね。酔いどれたちの前に、いきなり母国防衛という絶対的な目的が現れて、彼らは化けたのです。

含蓄のある文章です。でもこれで終わりではないのです。
私は、権力者、特権層、国民というピラミッド型の構造を思い浮かべていたのですが、佐藤さんはこの3

者の関係のダイナミズムまで踏み込みます。

では、ロシアの権力の内部構造はどうなっているのか？　一枚岩、ピラミッド型の強権かというと、そうではないのです。

これも前に森さんに申し上げたことがあると記憶しておりますが、ルソーが『社会契約論』で「でかすぎる国」と呼んだロシアは、実際、そういう一枚岩になるには、でかすぎるのですね。いくつかの特権層、エリート集団がいて、それぞれの縄張り、領分があり、ツァーリをかついでおります。

エリート集団は、帝政時代には大貴族、ソ連時代にはノーメンクラトゥーラ、現在はオリガルヒ、政財界のエリートと、見た目は変わっていますが、権力構造の面から見れば、同じようなものです。ツァーリ（皇帝、ソ連指導者、そして現在の大統領）の役割も、本質では常に変わらず、エリート集団間の利害の調整役、調停役です。

では、ツァーリは、雇われマダム、ゼネラルマネージャーみたいな無力なものかというと、そうではありません。これは、ロシアが引き継いだビザンチン的伝統なのですが、ツァーリと民衆は時に結託し、エリート集団の専横から自分たちを守ることがあります。これを思い切りラディカルにやったのが、イワン雷帝やスターリンで、民衆の不満を利用し、大貴族（エリート集団）を、民衆と共犯で抑制しあるいは潰し、自分の権力を固めたのです。

こういうことがあるから、民衆のなかには「善きツァーリ」のイメージが根付いているのですね。民衆が、自分らの膏血を吸う大貴族、エリート集団を憎悪し、お上、ツァーリに漠然と期待して、それにツァーリが多少応える、あるいは応えるふりをする。これがロシアの常態だから、現代のツァーリであるプーチンも、民衆に同情し、理解しているようなポーズをしばしば見せる。それで一定の心理的安定が保たれるわけです。こういうのがロシア政治のアーキタイプですね。

民衆からすると、ツァーリは、エリート集団から自分たちを守ってくれるし（あるいはそういう幻想を与えてくれるし)、ツァーリからすれば、民衆は、エリート集団に対する力を保障してくれるわけで、もちつもたれつです。

　また一方でツァーリは、エリート集団とも、もたれ合いの関係にあります。お前ら、自分の領分では勝手にやっていいから、俺の領分ではちゃんと俺を支持しろ。こういう封建制的な面が、現在も、ソ連時代も、帝政時代もありました。

「視点その1」でネーション・ステートの定義を書きました。

　この物差しをロシアにあてはめてみれば、ロシアは帝政期にはネーション・ステートからほど遠かったと言えます。農奴の割合が高いこと、国土が広大すぎたことから、国民の一体感が薄弱だったからです。ソ連時代は共産党独裁体制で、やはりネーション・ステートとは言えません。

　ただし、ナポレオンのロシア侵攻や、対ナチスドイツ戦争のように、外敵がもたらした危機に直面した際は、ネーションの底力を発揮したのです。

世界に衝撃を与えたクリミア編入

ロシアとはいかなる国なのか。再考のきっかけとなったのは、2014年に起きたクリミア編入です。

プーチン大統領は2014年3月18日、クレムリンで演説し、ウクライナ南部クリミア自治共和国をロシアに編入する、と発表しました。自治共和国での「住民投票」で、ウクライナからの独立とロシアへの編入が多数を占めたことを受けて、表明したのです。プーチンは次のように主張しました。

「クリミアはロシア編入を圧倒的多数で支持した。我々はその意思を尊重しなければならない。人々の心の中で、クリミアは常に分かちがたいロシアの一部だった」(読売新聞2014年3月19日付掲載の「演説要旨」より)

　ソ連という国家ができる前から、クリミアはロシアに属していました。クリミアが帝政ロシア領になったのは18世紀のことです。「クリミア」という言葉は、ロシア人にとって、17世紀末~18世紀末、ロシアが版図

ロシアのクリミア編入表明を伝える新聞記事

露、クリミア編入表明

大統領「露の一部」 条約署名、議会批准へ

【モスクワ＝緒方賢一】ロシアのプーチン大統領は18日、クレムリンで上下両院議員を前に演説し、「クリミアは強く揺るぎないロシアの主権下になければならない」と述べ、ウクライナ南部クリミア自治共和国とセバストポリ特別市を編入すると発表した。大統領はこの直後に自治共和国、特別市の代表と編入に関する条約に署名した。ウクライナの領土分割に踏み切ったロシアと米欧との厳しい対立は決定的となり、長期化は避けられなくなった。〈大統領演説の要旨7面、関連記事2・7面〉

ロシアは自治共和国と特別市を別々の行政体としてロシアに編入する。条約は憲法裁判所の審査と議会の批准を経て発効する。

プーチン氏は演説で「クリミアは常に分かちがたいロシアの一部だった」と述べ、今月16日の住民投票について「公正に行われ、住民は自分たちの意思を示した。ロシアとともにありたいということだ」と語った。

クリミアのロシア編入は国際法にも反しないと正当性を主張。ソ連時代の1954年にロシア共和国からウクライナ共和国にクリミアが移管されたことを「明らかな憲法違反により下された決定だったが、全体主義のもとで住民は疑問を差し挟めなかった」と指摘した。

また、「クリミアに続いてロシアが他の地域も脅かすという話は信じないでほしい。我々はウクライナの分割は望んでいない」「我々は西側とも東側とも対決したいとは思わない。現代世界にふさわしい文明的な友好関係を作るため必要なことをしたい」と述べた。

大統領府の発表によると、クリミア編入に関する条約では、自治共和国と特別市に定住している人にロシア国籍が付与される。ただし1か月以内にロシア国籍を拒否すれば現在の国籍を持ち続けることができる。公用語はロシア語とウクライナ語、タタール語。今年12月末までを「移行期間」と定め、法律や金融サービスなどをロシアと一体化するための制度改革を進める。

18日、モスクワのクレムリンで演説するプーチン露大統領（AP）

プーチン露大統領
演説のポイント

▽クリミア自治共和国とセバストポリ特別市をロシアに編入する
▽住民投票は民主的で合法
▽クリミアの人々はロシア編入の意思を明確に示した
▽クリミアはロシアの一部
▽ロシアは国益を守る

米、G7首脳会議提案

【ワシントン＝白川義和、ベルリン＝工藤武人】ホワイトハウスによると、オバマ米大統領は18日、オランダ・ハーグで24、25日に開かれる核安全サミットの場で、日米英仏独伊加の先進7か国（G7）首脳会議を開くことを提案した。ウクライナ情勢を議題に、G7としての追加的措置などを協議する。ロシアによるクリミア編入に対し、G7が結束して対応することを誇示する狙いもある。

G7はすでに、6月にロシア・ソチで開かれる主要8か国（G8）首脳会議の準備会合を欠席すると決めており、G8首脳会議のボイコットについても話し合われる可能性がある。

AP通信などによると、米国のバイデン副大統領は18日、ポーランドで同国のトゥスク首相らと会談後の記者会見で、ロシアのプーチン大統領が表明したクリミア編入を「領土の強奪だ」と非難し、「ロシアに追加制裁を科すことになるだろう」と述べた。

▲早めの定期券の購入を呼びかけるポスターが貼られたＪＲ新宿駅の窓口（18日）＝小林武仁撮影

…の今」

近づく 8%消費税 上

きな額」と話す。

税率8%となる4月に買うより1410円安いという。

「駆け込み」は様々な分野に広がっている。

習い事や資格の取得では、3月末までに契約すれば、受講料などにかかる消費税が5%で済むケースがあるからだ。英会話の「Gaba」では、

では、礼服など比較的高額なスーツの売り上げが伸び始めた。ビックカメラではエアコンや冷蔵庫の3月前半の売り上げが前年の2・5倍に。大塚家具は3月に入り、ベッドやソファなどの受注額が前年より3割以上増えている。

〈25面に続く〉

…手帳

おどま盆切り盆切

『五木の子守唄』

…ょっと怖い文句が

読売新聞2014年3月19日

を広げた栄光の時期を想起させます。19世紀中葉にロシアが、トルコ、フランス、イギリスと戦ったクリミア戦争も、ロシア人にとってはなじみ深い出来事です。

プーチンの演説の中には、「ベルリンの壁」崩壊、東西ドイツ統一から四半世紀の時の流れを象徴するような箇所もありました。

「ロシアはドイツ統一を支持した。ドイツ人もロシアの歴史的統一を支持してほしい」

ロシアによるクリミア併合は、四半世紀のプロセスの帰結です。米欧とロシアの関係が変遷して、こういう結果になったということです。多面的で複雑なプロセスです。

ロシア人がクリミアに抱く集団記憶だけではなく、プーチンの個人的記憶にも焦点を合わせなくてはなりません。

プーチンが体験した「ベルリンの壁」崩壊

プーチンはドイツ語が上手です。彼はもともとソ連の秘密警察、KGBの将校でした。「ベルリンの壁」が崩壊した時には東ドイツのドレスデンに駐在していました。

アレクサンダー・ラールというドイツのロシア研究者が書いた『ウラジミール・プーチン』という本には、プーチンのドレスデン駐在時期についての記述があります。

1985年から始まったドレスデン駐在の時期に、プーチンは、ソ連が支配していた東ドイツが崩壊していく様を、間近に観察しました。

1990年12月には、ドレスデンにおける民主化デモが、KGB支部に乱入しようとする事件も起こりました。プーチンは自ら武器を構え、デモ隊を押しとどめたといいます。

東ドイツにはソ連軍が駐留していました。兵力は約38万人でした。今日の在日米軍の兵力が数万人規模ですから、この38万の数がいかに大きいか分かるでしょう。

これほどの兵力を置いて、ソ連が東ドイツをがっちりコントロールしていたことを意味します。その東ドイツで、民主化運動が盛り上がり、公然と反体制デモが行われ、「ベルリンの壁」が崩壊し、ついには東ドイツという国家が消滅したのです。

　プーチンは、その渦中に身を置いていた。このことは、後にロシアの指導者となったプーチンの言動を理解する上で重要です。

　たとえば、プーチンは2005年に、こういう発言をします。

「ソ連邦の解体は、20世紀最大の地政学的な大惨事である」

　2003年には、こう言いました。

「ソ連崩壊を惜しまない者には、心（ハート）がない。だが、その復活を欲する者には、頭（ブレーン）がない」（産経新聞2016年1月8日「正論」欄掲載の木村汎北海道大学名誉教授の寄稿）

　こうした言葉には、彼の東ドイツにおける体験が反映しています。

プーチンは ロシア国民多数に支持された

　ロシアによるクリミア編入を、アメリカ、ヨーロッパ諸国は厳しく非難しました。日本も非難しました。アメリカ、EUがロシアに制裁を科しました。日本も、米欧ほど厳しくないにせよ、独自の制裁に踏み切りました。

　一方、国内では、プーチンへの支持率は上昇しました。

　プーチン政権が、マスコミをコントロールしており、マスコミから流れる関連ニュースが政権に都合のよいものばかりだったという事情はあります。

　しかし、ロシア国内でクリミア編入が一種の高揚感を生んだことは、単に強権政治の産物だと切り捨てるわけにはいきません。

　プーチンのクリミア編入の決断がロシア人の心の琴線に触れた点は見逃せません。

　プーチンが繰り返して述べてきた認識があります。

東西冷戦終結後、米欧がロシアを圧迫してきたという情勢認識です。

こうした認識に立ってクリミア編入をとらえれば、ずっと押し込まれてきたロシアがついに押し返したということになるのでしょう。対ナポレオン戦争、対ナチスドイツ戦争の経験から、ロシアが西側から圧迫されるという構図は、ロシア人に分かりやすいのです。

実際、東西冷戦終結によってソ連は東欧という衛星国家群を失いました。そしてソ連自体が解体しました。そしてソ連の一部だったバルト3国や、衛星国家だった東欧諸国が、ＥＵやＮＡＴＯに加盟しました。

プーチンは、こうした推移について、西側がロシアを圧迫してきたととらえます。

米欧からすると、異を唱えたくなります。米欧は、ロシアを自分たちのほうに受け入れようとしたのだと。

実際、アメリカ、カナダ、イギリス、フランス、ドイツ、イタリア、そして日本の7か国で構成していた主要国首脳会議、Ｇ７は１９９７年に、ロシアを正式メンバーとして迎え入れました。Ｇ８になったのです。クリミアの問題が発生して、２０１４年からまたＧ７体制に戻りました。

Ｇ７というのは、価値観を共有する先進国の集まりです。Ｇ７は、「自由」、「民主主義」、「市場経済」といった価値観にしばしば言及します。ロシアでも次第にこういう価値観が育つという期待がありました。

しかし、ロシアはそういう道を歩みませんでした。ロシアの国柄にそぐわない民主化を期待したところに、ボタンのかけちがいがあったのではないでしょうか。

１９９０年代のロシア経済の混乱も大きな要因でした。あまりに性急な市場経済化、それにロシアの経済の柱である原油の価格が低かったことが加わり、ロシア経済は低迷しました。

ロシアが共産主義のくびきから解き放たれて、民主主義へと移行した１９９０年代は、経済的な混乱、そしてロシアの国際的影響力の後退の時期でした。民主化の時期が、経済水準向上や生活安定の時期と重ならなかったのです。もし重なっていれば、ロシアの一般国民が民主主義に抱くイメージは、多少改善されたのかも知れません。

クリミア編入の経緯

ロシアによるクリミア編入の経緯をまとめておきます。

2014年初めの時点で、ウクライナにはビクトル・ヤヌコビッチという大統領がいました。ウクライナは、ソ連崩壊で誕生した国家です。その後、EUとロシアのどちらとの関係を重視するのかを巡って、振り子のように揺れていた国家です。

ヤヌコビッチは、もともとロシアに近い親ロシア派と見られていたのですが、EUにも接近して関係強化のための協定を結ぼうとしました。なぜか調印直前に延期すると表明したのです。

これに怒ったのが、EUへの接近を求めていた人々です。反政権デモが起きて、治安当局が発砲して、混乱がひどくなる。そうした状況の中、大統領は政権を放り出してロシアに逃亡しました。

EUとの接近を求める親欧州派が政権を握ります。

そこから、ロシアのプーチン大統領が巻き返しに出ました。

狙いをつけたのがクリミアでした。地図で見ると、ウクライナの南東の隅に位置し、黒海に面しています。セバストポリという軍港があります。

ソ連時代には、ソ連という一つの国家の内部で境界線が引かれていました。ソ連時代には、ロシアもウクライナもそれぞれ「共和国」でした。そしてクリミアはロシアに属していました。1954年に、ウクライナに移されました。フルシチョフ・ソ連共産党第1書記という当時のソ連の権力者の決定でした。

2014年に話を戻します。

セバストポリという軍港は、ロシアとウクライナの取り決めで、ロシア軍が使っていました。

クリミアの親ロシア勢力が武器をとり、ウクライナの中央政府側の軍や警察を抑えて、クリミアを事実上、支配します。そして、住民投票を行います。クリミアはウクライナに留まるべきか、ロシアの一部となるべきかを問うたのです。ロシアへの編入を求める票が多かった。これを受けて、プーチン大統領は、クリミアのロシア併合を宣言します。

これだけ聞くと、民主的手続きを経た編入に思えるかも知れません。でもそうではないのです。軍事力が用いられていたからです。

プーチン大統領は、2014年3月に、ウクライナに住むロシア系住民を保護するためには、軍事力を行使する用意があると表明しました。ロシア系住民とは、ロシア語を話し自分はロシア人だと思っている住民だと理解すればよいでしょう。

私は、ロシア軍の戦車がクリミアに侵攻するのかと緊張しました。でもプーチン大統領は、もっと巧みに軍事力を用いたのです。ロシア軍という形ではなくて、ロシアの軍人をひそかにクリミアの親ロシア武装集団に送り込んだのです。

クリミア編入はなぜいけないか

日本やアメリカ、EUは、ロシアによるクリミア併合を非難し、制裁を科しました。どうして編入がいけないことなのでしょうか。

一つには国際社会のルールに反しているからであり、もう一つにはヨーロッパと旧ソ連にまたがる地域の安定を脅かすからです。

ロシアのクリミア併合がどうしてルール違反といえるのでしょうか。

日本、アメリカ、EUは、国連憲章違反だと指摘しました。国連憲章には、国家の領土保全に対する、武力による威嚇や武力行使をしてはならないとの条項があります。

ただし、ロシアの反論にも理屈がありました。同じ国連憲章が民族自決の原則をうたっているのです。クリミアの住民が自らの意志で、ロシア編入を求めたのだから合法だというわけです。

プーチンは、クリミア編入を正当化するために、2008年にセルビアからの独立を宣言したコソボも引き合いに出しました。コソボの多数派であるアルバニア系住民は、独立を望んだのです。セルビアの後ろ盾であるロシアは、反対しました。

西欧諸国は、コソボのアルバニア系住民が難民となって流入してくることに悩んでいました。西欧諸国は、コソボ独立を支援しました。コソボは結局、セルビアとの合意や、国連安全保障理事会のお墨付きなしに、独立を宣言したのです。「国家」としての体裁を保っているのは、西欧諸国の支援のおかげです。

クリミア併合を巡る議論は、国連憲章をひくだけではすっきりしません。実は、ロシアがルール違反をしたという明確な根拠が別にあるのです。

ロシアとアメリカ、イギリスは、ソ連解体後の1994年、「ブダペスト覚書」という文書を交わしました。その内容は、ウクライナが旧ソ連製核兵器を廃棄するのと引き換えに、領土の一体性を武力で脅かさないと約束したものです。

ロシアは、この文書にサインしておきながら、クリミアを併合したのですから、ルールに違反したことは明白です。

力による現状変更

唐突に響くかもしれませんが、テキサスとクリミアには、共通点があります。

テキサスは1830年代前半までメキシコ領でし

た。アメリカ人が多数入ってきて、メキシコ軍と戦って独立を勝ち取ります。そしてアメリカに編入されました。

クリミアでは、ロシア軍人が入った親ロシア武装集団がウクライナ軍を抑えて主導権を握りました。

クリミア自治共和国議会がウクライナからの独立宣言を採択したのに続き、編入の是非を問う住民投票が行われました。編入を求める票が圧倒的多数だったと発表されました。これを受けてロシアが編入を決めたのです。

どちらも「力による現状変更」です。しかし、この二つの編入の間には、百数十年の歴史が挟まっています。そしてこの間に、「力による現状変更」はいけないという規範が確立されたのです。武力の行使や、武力を背景にした威嚇で、国境や実効支配地域の変更はしてはならないという規範です。

国連憲章第2条にもこの原則は明記されています。

「すべての加盟国は、その国際関係において、武力による威嚇又は武力の行使を、いかなる国の領土保全又は政治的独立に対するものも（中略）慎まなければならない」

1975年には、東西欧州諸国にアメリカが加わり、「全欧安保協力会議（CSCE）最終文書」を調印しました。東西冷戦のさなかです。冷戦の現状を固定し、平和を守り、交流するのが東西に共通する狙いでした。

この「CSCE最終文書」にも、「国境の不可侵」を定めた条文があります。参加国は、欧州諸国の国境が不可侵であると確認し、武力による威嚇や武力行使により領土保全を脅かさない、と約束したのです。

1975年当時は、この文書は東西両ブロックに分かれた欧州の現状を固定する意義があると、解釈されました。

実際には、1990年の東西ドイツ統一を契機に、欧州の国境は激変します。CSCE最終文書には、「国際法に従い平和的手段と合意によって、国境が変更され得る」というくだりもありました。ドイツ統一は、合法的でした。

ロシアは、クリミアを編入する過程で、力すなわち軍事力を直接、間接に用いて国境の現状を変更したのです。ですから、国際秩序を揺るがしたと非難されて、然るべきなのです。

欧米諸国は、クリミア編入問題で、プーチンと話し合いもしました。その話し合いで前面に立ったのが、メルケル独首相でした。

イギリスの新聞、フィナンシャル・タイムズ2015年2月3日付掲載の記事は、メルケルとプーチンが、半年間に40回以上電話で話し合い、会談も重ねたと報じています。

メルケルは、プーチンに対して、地域の安定を損なうことはしないよう、求めました。しかしそうした説得が成功したとは言えません。

ウクライナ問題は、クリミア編入にとどまりません。ウクライナ東部では、親ロシア系の武装組織と、ウクライナ政府軍の武装衝突が起きました。仲介役のドイツ、フランスとロシア、ウクライナの4か国首脳が2015年2月12日、ベラルーシの首都ミンスクで、停戦合意を結びました。ミンスク合意と呼ばれています。しかし、その後も散発的に戦闘が起きています。

ロシア人の良き思い出とは

ロシアの小説家、レフ・トルストイの代表作と言えば、「戦争と平和」です。大変長い作品です。岩波文庫版（藤沼貴訳）は、分厚い6冊からなっています。

ソ連時代から今日にいたるまで、高校生はこの大作を学んできました。9年生（日本の中学3年に相当）が終わると、夏休みにこれを読む宿題を課せられ、10年生の授業で詳しく教わるのです。

この慣習は、そもそもレーニンがトルストイを高く評価する論文を書いたところに淵源があります。ソ連が解体された後も、ロシアのほとんどの学校がこの宿題を続けています。

「視点その4」で、それぞれの国民にとって、懐かしい時代はいつなのか、というお話をしました。「戦争と平和」について取り上げているのは、それと関連しています。

この小説は、19世紀初めのロシアの対ナポレオン戦争を描いています。以下のような出来事に基づいているのです。

１８１２年、フランスのナポレオンが軍を率いてロシアに侵攻し、ロシア軍と激突した。モスクワ西方で起きた「ボロジノの戦い」である。ロシア軍は、古都モスクワを守らず、旋回する。ナポレオンはモスクワを占拠する。しかし、ロシアの厳しい冬が到来し、撤退する。西へ戻るナポレオンは、ロシア軍やパルチザンの攻撃で兵力をほとんど失い、辛うじて脱出する。

こういうナポレオンのロシア侵攻の失敗は、日本でもよく語られます。

ナポレオンの侵攻を跳ね返したこの経験は、世代を超えてロシア人に語り継がれています。「戦争と平和」は、集団記憶を支える柱と言えるでしょう。

もう一つの集団記憶 対ナチスドイツ勝利

第2次大戦で、ソ連はドイツ軍の侵攻を受けます。ナチスドイツは１９４１年6月に、対ソ連戦を開始しました。当初は、ドイツ軍得意の戦車を前面に立てた戦術により破竹の勢いでした。

しかし、首都モスクワに迫ったドイツ軍は、モスクワまであとわずかの地点で、ソ連軍に阻まれます。ロシア南部に進んだドイツ軍は、スターリングラードでソ連軍と激戦になり、ついに落とせませんでした。

ソ連軍は反攻に転じます。1945年5月、ついにドイツの首都ベルリンを攻め落としました。

第2次世界大戦での軍、民間合わせた死者数は、ソ連が2000万人、ドイツが650万人とされています（読売新聞1997年12月28日）。日本は310万人以上です（読売新聞2006年8月15日）。

ナチスドイツの侵攻を跳ね返し勝利したというのは、ソ連にとって極めて重要な集団記憶となりました。

もちろん共産党が意図的に、長年にわたって対ドイツ戦勝利を様々な手段で宣伝し、国民を教育したのです。ただ、その記憶の核心には多数のソ連国民が戦争により死んだという厳然たる事実があります。

視点
その9

帝国が復活している

南シナ海を巡る中国とアメリカの対立

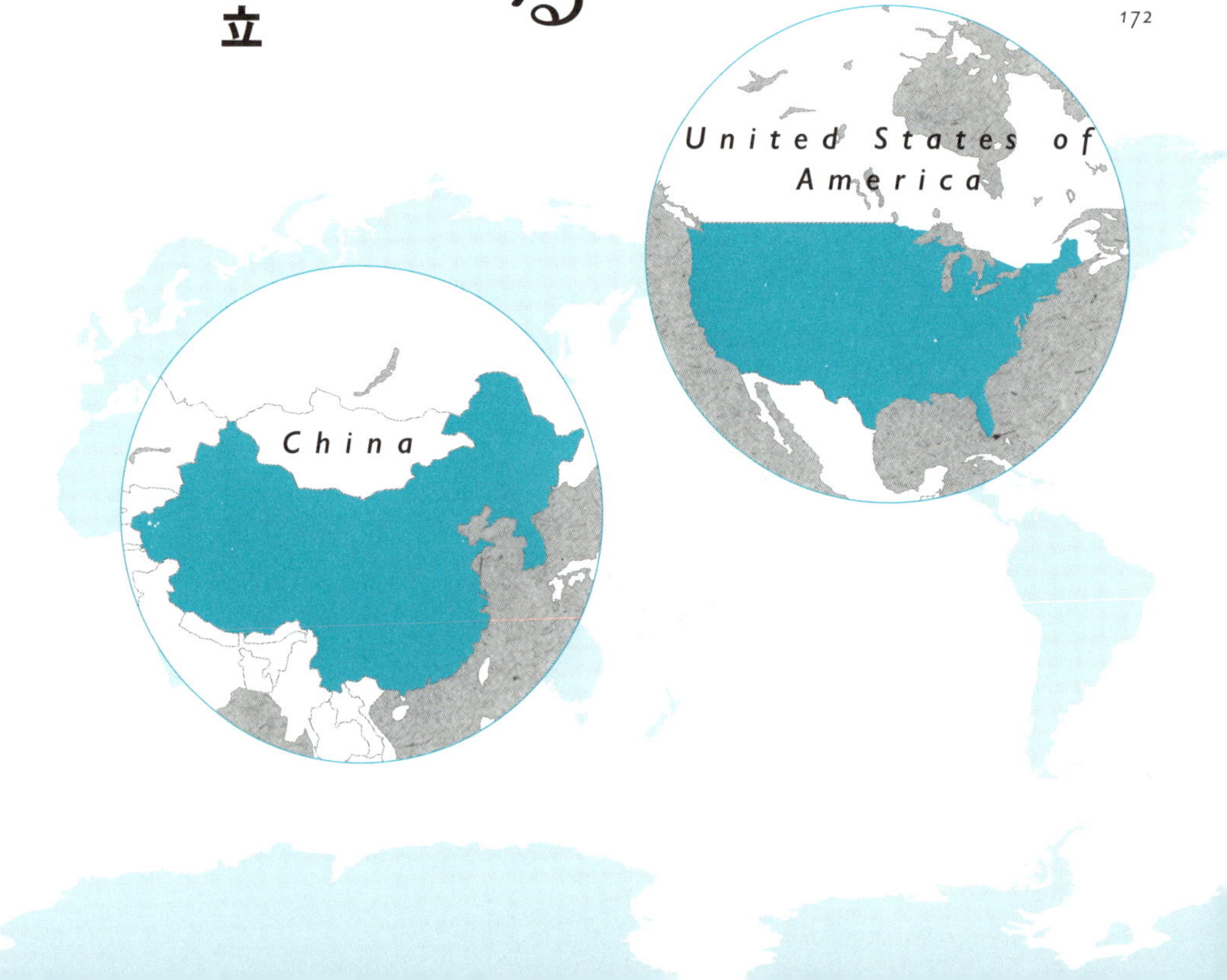

南シナ海や東シナ海への進出、ユーラシア大陸全体を視野に入れた「一帯一路」構想など
中国の国際的な動きが活発だ。
習近平政権が唱える「中華民族の偉大な復興」とは、中華帝国の復興なのか？
利害が対立する場面で、アメリカといかなる関係を構築するのだろうか？

この本では、東西冷戦後の世界の変化を振り返ってきました。この章では、中国のことを主にお話しします。

東西ドイツ統一の日にドイツで発せられた、中国についての言葉から始めます。

ワイツゼッカー大統領が、ベルリンのコンサートホールでの統一式典で行った演説の一節です。

「フランス革命の諸思想は、アメリカとイギリスにおける憲法の発展とともに、西側民主制の基盤を生み出してきました。法治国家の中での人間的自由という考えが形成され、それはますます規範となりました」

「その考えは初めからどこへでも転用できるというものではありません。しかし政治的自由、能力主義そして人間の尊厳を尊重する社会的国家への欲求がわき出るところではどこでも――北京の心臓部へまでも――、西側民主主義諸国の価値と規則は誰もがそれを尺度とするモデルとなっています」（永井清彦・関口宏道編著『ドイツ現代史を演説で読む』白水社、1994、189頁）

東ドイツで共産党独裁体制が崩壊して、民族の悲願である東西ドイツ統一が達成された、まさにその日の演説です。格調高いと同時に、ある種の高揚感が伝わってきます。「西側民主主義諸国の価値と規則」が欧州において勝利したことへの満足感がにじみ出ています。そして、「北京の心臓部」においても、という表現で、西側の価値が中国でも希求されているとまで言ったのです。

ワイツゼッカーは、前年の1989年に北京で起きた天安門事件を意識していたのでしょう。学生が座り

込んで民主化を要求し、最後は共産党が軍を動員して学生たちを排除した事件です。

　東西ドイツ統一から四半世紀以上経ちました。中国の現状について、ワイツゼッカーの楽観的な見方にくみする人はあまりいないでしょう。

　習近平時代の中国は、西側の価値観から、むしろ遠ざかっています。

　まず内政を見れば、共産党独裁であることは変わらず、習近平国家主席への権力集中が進んでいます。

　日本にとって深刻なのは、中国の外交、軍事面での振る舞いです。軍事力を背景にした現状変更を露骨に志向し、国際法を軽んじる。そのような傾向が強まるばかりです。

中華民族の偉大な復興

　習近平国家主席が就任したのは、２０１３年３月です。前年の２０１２年11月にまず党のトップの座である総書記の座につきました。中国は共産党独裁体制であり、党が国家を「指導」する旨が憲法に明記されています。党が国家よりも上なのです。

　共産党の総書記に選出された直後の記者会見で習近平は、近年の中国の振る舞いを考える際のキーワードというべき表現を使いました。

「我々の責任は、引き続き中華民族の偉大な復興のために努力奮闘し、中華民族を世界の民族の中でさらに力強く自立させることである」と語ったのです。

　トランプ流に意訳すれば、「メイク・チャイナ・グレイト・アゲイン」となるでしょうか。いや、習近平は、トランプの「メイク・アメリカ・グレイト・アゲイン」に先立って、似たようなスローガンを掲げていたと言ったほうがよいでしょう。

「復興」というのですから、昔は偉大だった中華民族が苦難の時代を強いられた、もとのように立派にする、というわけです。

「視点その３」で、アメリカが偉大だったのはいつかという疑問について書きました。中国についても同様の問いを立てる意味があります。

　その前に、「中華民族」という表現について注釈を加える必要があります。

中国は、多民族国家です。別々の言葉を話す複数の民族をひっくるめて「中華民族」と呼ぶのは、いささか強引なのではないでしょうか。「視点その1」でお話ししたように、民族は、共通の言語を話す点が重要なのです。

「中華民族」は、多民族を統治する中国共産党が、国民の一体性を表現する用語です。

「中華民族」という言葉は、孫文も使いました。漢族が主体で、満洲人、モンゴル人、ウイグル人、チベット人がこれに融合するという理念でした（檀上寛『天下と天朝の中国史』岩波新書、２０１６年、２６７～２６８頁）。

共産主義体制下では、その他の中国内に住む少数民族も包含されます。

蘇る「帝国」の世界観

では、「中華民族」が偉大だった時代とはいつなのでしょうか。

清朝末期ではありません。19世紀後半からイギリス、ロシア、そして日本などの列強によって、蚕食されていきます。イギリスによるアヘン戦争、そして日清戦争は重要な節目でした。現代中国から見て恥辱の時代です。

中国が独立を回復し、今日では経済大国に成長したのですから、それで「偉大な復興」を遂げたと言えそうなものです。ただ、それだけでは済みそうにもありません。中華帝国の世界観も蘇ってきているのです。

そう考えれば、近年の中国の動向がよりよく理解できるのです。中国がこれからやろうとすることを予測する助けともなるでしょう。

ジャーナリズムが、今日の中国、すなわち中華人民共和国を説明するアプローチは多様です。中国共産党が作った国家であり、共産党が政治面では独裁的な権力を握り続けています。

ですから、共産党の歴史や、党内の権力の系譜を辿り、習近平を位置づけるのが、オーソドックスでしょう。

鄧小平が改革開放政策を開始して以降、市場経済化を進め、世界第2の経済大国となりました。経済面の分析も重要です。

この本では、あえてより長期的な歴史の視野の中に、今日の習近平政権を置いてみます。共産党の中国という枠を超えるのです。それが、政権の振る舞いを理解する上で有用だからです。

習近平が唱える「中華民族の偉大な復興」については、京都女子大学名誉教授の檀上寛さんの本『天下と天朝の中国史』(岩波新書、2016年)がズバリと言い切っています。

「偉大な復興とは畢竟、かつての偉大な中華帝国の復興であり、それはまた半植民地化される以前の中華帝国の復興でもある」(278頁)

「二〇一三年六月、アメリカでの米中首脳会談で習近平主席が打ち出した『新型の大国関係』は、中国とアメリカという東西の大国によって太平洋の勢力圏を分割しようとの提言であった(中略)周辺諸国をいっさい度外視したこの発想自体、伝統的な中華帝国の天下観抜きには生まれ得ない」(279頁)

「中国の一つ一つの行動を見ると、中華帝国の論理で解釈した方が分かりやすい事象の存在するのもまた事実である。何かといえば中国の要人が歴史を持ち出すのも、かつて天下に君臨した中華帝国の幻影が彼らの脳裏にこびりついているからに違いない」(280頁)

前近代的な地域観が露骨に現れているのが、中国による南シナ海、東シナ海への強引な進出です。

そこでは、中国の地域観が、近代的な国際法と衝突しています。

南シナ海への進出

南シナ海には、複数の国・地域が権利を主張している島々があります。

スプラトリー(南沙)諸島では、中国、フィリピン、マレーシア、ベトナム、ブルネイ、台湾が領有権を主張しています。パラセル(西沙)諸島では、中国、ベトナム、台湾が当事国・地域です。

問題は、中国が国際法上、全く根拠のない権利を主張していることです。南シナ海の大半を囲い込む「九段線」の内側には、中国の主権が及ぶと言うのです。自国の立場の正当化を図る中国の専門家は、「九段線」

を「歴史的権利」の線だと説明します。

2015年から2016年にかけては、南シナ海を巡る緊張が深刻になりました。中国による、人工島の造成や軍事拠点化が進んだからです。

重要な出来事は、2016年7月にオランダ・ハーグにある仲裁裁判所が、南シナ海の問題で判決を出したことです。

国連海洋法条約に基づいてフィリピンが2013年に、中国を仲裁裁判所に提訴していました。

仲裁裁判所の判決は、いわゆる「九段線」など南シナ海に関する中国の主張を退けました。

中国政府は、判決は無効だと反論しました。

日本の全国紙の社説は、中国が判決を尊重すべきだという点で、歩調を揃えました。中国が国際法の枠組みや海洋秩序をないがしろにすることについて、日本のメディアも強く懸念しています。

日本にとって、南シナ海で起きていることはひとごとではないのです。

尖閣諸島の問題

沖縄県の尖閣諸島は、日本の領土です。日本人は自信を持ってそう主張できます。国際法上、弱点がない主張なのです。

1895年に日本の領土に編入した手続きに瑕疵がありません。第2次世界大戦まで、日本人が住んでカツオ節製造など経済活動を営んでいました。日本が第2次大戦に負けて占領されていた当時は、米軍が爆撃演習場として使っていました。

そしてこれが重要な点なのですが、中国は、1970年までは日本の実効支配に対して、何ら抗議を申し立てていないのです。中国が公式に尖閣諸島に関する領有権を主張し始めたのは、1971年以降です。

中国外交部（外務省）声明の中には歴史に関するくだりがあります。尖閣諸島は「昔から中国の領土である」として、「はやくも明代に、これらの島嶼はすでに中国の海上防衛区域のなかに含まれており……」（国際法事例研究会『日本の国際法事例研究（3）領土』慶應通信、1990年）。

１９９２年に制定した中国の国内法である「領海法」では、尖閣諸島を領土の一部として明記しました。

　そして中国は近年、公機関に属する船舶を尖閣近海に送り、領海侵犯まで繰り返しているのです。


　中国は、フィリピンとの係争では、仲裁裁判所の判決を完全に無視しようとしています。

　では、中国は、国際法など一切尊重しないと言っているかというと、そうではないのです。中国は、国連の安全保障理事会の常任理事国です。その地位は活用しています。

　習近平国家主席は、２０１５年の「抗日戦争勝利70年」の演説でこう述べました。

「世界各国は国連憲章の趣旨と原則を中核とした国際秩序・システムを擁護していくべきだ」

　国内法と国際法の違いは何でしょうか。理論的な話ではありません。現実に起きていること、国際ニュースをフォローしていれば分かることです。

　それは、国内法を破る者に対しては強制力が働くが、国際法はそうではないということです。

　殺人であれ、強盗であれ、刑法上の犯罪を働いた者は警察に捕まります。起訴されて刑務所に入れられます。

　民法に関わるトラブルがあれば、市民は相手を裁判所に訴えることができます。判決は強制力を持ちます。

　国際法に関わる国際的な裁判所はあります。しかし、領土問題では、ある国が裁判所に裁いてもらおうとしても、相手国が応じなければ裁判が成立しない場合が多いのです。

　国際社会の平和と安定を侵害する行為はどうでしょうか。

　国連の安全保障理事会の決議が採択されれば、強制力を持つペナルティが科されます。常任理事国は、拒否権を持っているので決議の可決を阻むことができます。多くの場合、決議は常任理事国間の駆け引きや妥協の産物です。

　実際、北朝鮮が核実験を行うたびに制裁決議が科されてきました。

　中国は、自国の国益のために北朝鮮の体制を崩壊させたくありません。決議の内容は、こうした中国の意向を反映したものになります。

また、中国が決議に盛り込まれた制裁措置をどこまで実行するか。それは中国のさじ加減次第です。

中国について言えば、国際法がまずあって、その下で国家がルールを守りつつ国益を追求しているのではありません。まず国家があって、国益を追求する中で、国際法を利用したり、無視したりしている。これが実態です。

東京大学教授の川島真さんが、2016年8月に日本記者クラブで中国と国際社会の関わりについて話しました。

欧米発祥の価値観や国際法に対する中国の態度を理解するのに、大変役立つ内容だったので、一部をご紹介します。語尾や言葉の並びなど多少、編集してあります。


100年ほど前から、中国が国際法を利用して、西欧の主権、領土、国境といった概念を利用して、国境、国土を守ることをやった。袁世凱も蒋介石もそうだ。国際法や主権概念を利用して自分を守るということは、毛沢東や鄧小平にも引き継がれた部分がある。

そうした意味では中華人民共和国にも本来、近代の記憶はある。しかし、それはなるべく忘れようとしている。アヘン戦争から中華民国の時期は、基本的に否定すべき時期、侵略されてきた暗い時代なのだ。

胡錦濤、温家宝時代の後半からだが、中国の大学等において、いわゆる「普遍的価値」というものについて語ってはいけないというルールができた。最近は大学等において、査察官が教室に入り込んでいて、大学の教員がその言葉を口にすると、クビあるいは謹慎等になるという厳しい時代に入っている。

中国にとって アメリカとの関係が重要だ

中国が経済、政治、軍事という3分野のすべてで、世界的規模の覇権を求めているわけではありません。経済について言えば、中国の影響力はすでに世界的です。

習近平は、「一帯一路」構想を打ち出しました。アジアからユーラシア大陸を通り、ヨーロッパまで及ぶ経済圏を作ろうという壮大な構想です。「一帯」は、中央アジアを通る地上のルート、「一路」は中東経由海上ルートです。交通インフラを整備して、経済交流を盛んにすると提唱しています。

２０１５年末には、アジアにおけるインフラ建設の資金需要に応えるための金融機関「アジアインフラ投資銀行（ＡＩＩＢ）」を設立しました。アジアの大多数の国に加えて、欧州の主要国も参加しました。Ｇ７の中で、参加していないのはアメリカと日本だけです。

中国は２０１７年５月、北京で「一帯一路」国際フォーラムという会議を開催しました。これに合わせて行われた首脳会議には、ロシアなど29か国が参加しました。

読売新聞２０１５年11月５日付に、中国の専門家の興味深い談話が載っていました。「一帯一路」構想を説明する中で、「宋代には海上シルクロードもできていた」と語っています。

国際金融の分野では、アメリカが主導権を握っています。

中国はすでに世界的規模の貿易をしている。アジア地域では金融面での影響力を増そうとしている。それが現状です。

日本にとって重要なのは、アジア太平洋地域におけるアメリカと中国の軍事力のバランスです。

中国が、東シナ海、南シナ海で強引な海洋進出を進めているのは、アジア太平洋地域での軍事的な支配力を高めようとしているからです。ウクライナから購入して改造した空母をすでに就航させており、国産の一隻を２０１７年４月に進水させました。

中国は、「Ａ２ＡＤ」と呼ばれる軍事戦略を推進して

一帯一路のイメージ図と主要プロジェクト

ギリシャ
ピレウス
中国国有企業が港の経営権を買収。地中海進出の拠点に

カザフスタン
アスタナ
中国企業が次世代型路面電車システムを建設中

ロシア
モスクワ－カザン高速鉄道
全長約770km。中国の技術で2017年1月着工。将来は北京まで延伸の構想も

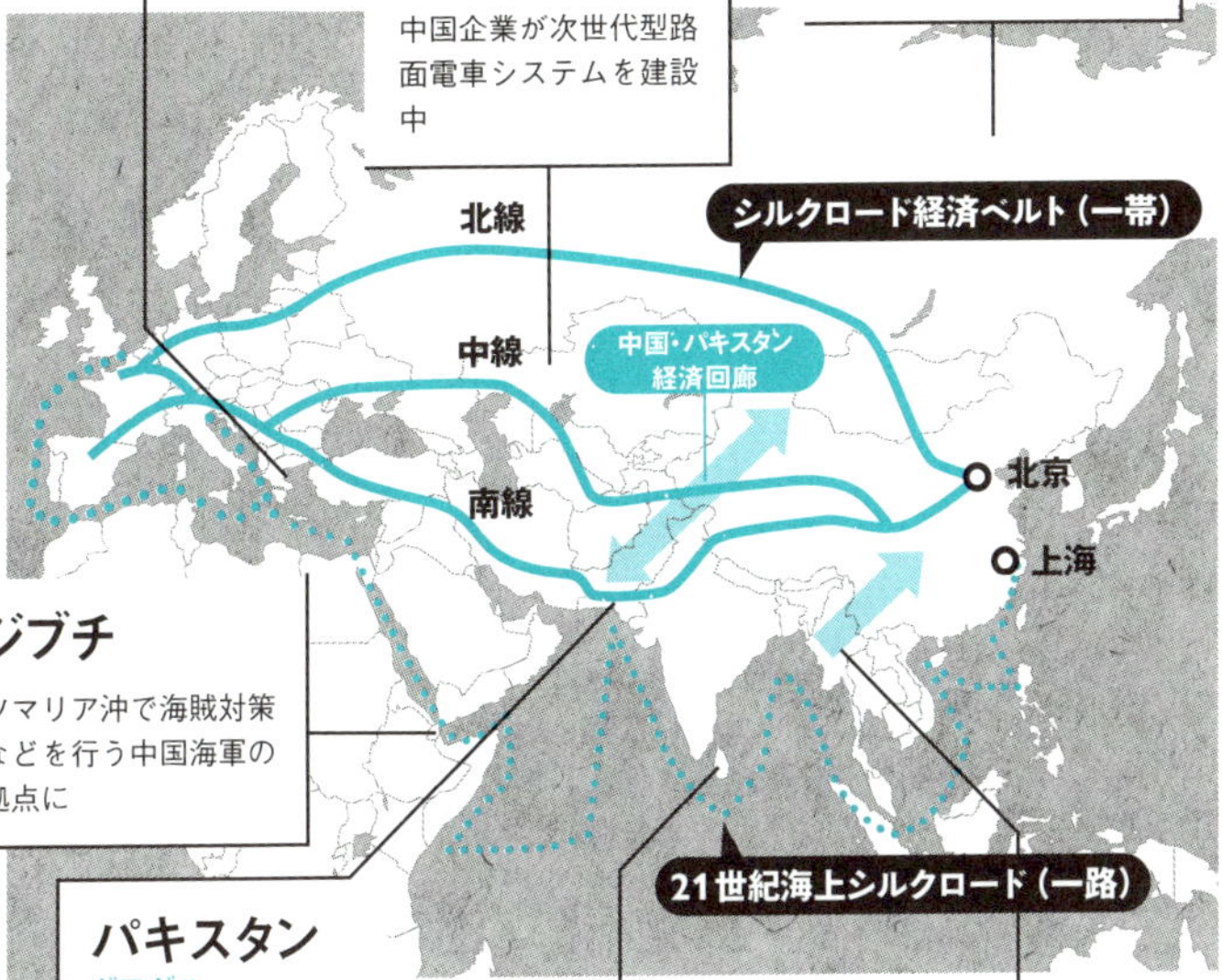

ジブチ
ソマリア沖で海賊対策などを行う中国海軍の拠点に

パキスタン
グワダル
中国国有企業が港の運営権を取得。新疆ウイグル自治区と結ぶ「中国・パキスタン経済回廊」の起点。高速道路などを整備し「一帯」と「一路」をつなぐ新たな輸送ルートへ

スリランカ
ハンバントタ
中国資本の会社が港湾の土地を99年間借り上げ

ミャンマー
チャウピュー
中国と結ぶ原油・天然ガスのパイプラインの始発点として中国資本などが整備

さらなる沿線国拡大も

米国 インフラ投資に関心
南米 すでに協力文書締結国も
アフリカ 今後主要舞台へ
オセアニア ニュージーランドが協定に署名。豪州の開発にも関心

読売新聞2017年5月12日朝刊をもとに作成

いると分析されています。Ａ２は、Anti Accessの略で、ＡＤは、Area Denialです。南西諸島とフィリピンを結ぶ「第1列島線」の内側には米軍を進入させない（接近阻止＝Anti Access）、伊豆諸島からグアムに至る「第2列島線」の内側で米軍の作戦行動や増援を阻む（地域拒否＝Area Denial）という軍事戦略です。

中国の発想は、大陸国家らしいものです。大陸の帝国が版図を広げるように、海にまで勢力圏を広げようとしています。

それを端的に示しているのは、２００７年に中国の軍人がアメリカに向けて行った提案です。太平洋を二つに分けて、アメリカが東側を管理して、中国が西側を管理したらどうかという内容でした（秋田浩『乱流――米中日安全保障三国志』日本経済新聞出版社、２０１６年）。

もちろん米国が飲めるはずはありません。米軍は、日本、韓国に拠点を置いています。米国は、航行の自由を重視する海洋国家です。

安保理の常任理事国である中国が、東アジアにおいて現状を変えてどのような秩序を作ろうとしているのか。北朝鮮への対応、南シナ海を巡る言動の双方において問われています。中国が米国といかなる関係を構築しようとしているのかが、重要なポイントでしょう。

中華と周辺

現代の中国の振る舞いと、中華帝国の世界観すなわち天下観がどうつながるのでしょうか。

「華」と「夷」という2分的な思考法がカギです。言い換えれば、中国とその周辺です。

中華帝国の「天下」は、中心部の「華」と周辺の「夷」からなっていました。皇帝は、複数の「夷」の支配者に対し、王の位を与えました。周辺は王の支配に委ねたのです。

共産党の中国が朝鮮半島政策を考える際に、こうした伝統的思考は生きていると思います。

中国にとって、対北朝鮮政策は自分の影響圏の周辺部分をいかに管理するかという問題なのです。中国は、長期的には韓国を含めた朝鮮半島全体を、「天下」の中の周辺として構想している節があります。

中国の「第1列島線」と「第2列島線」

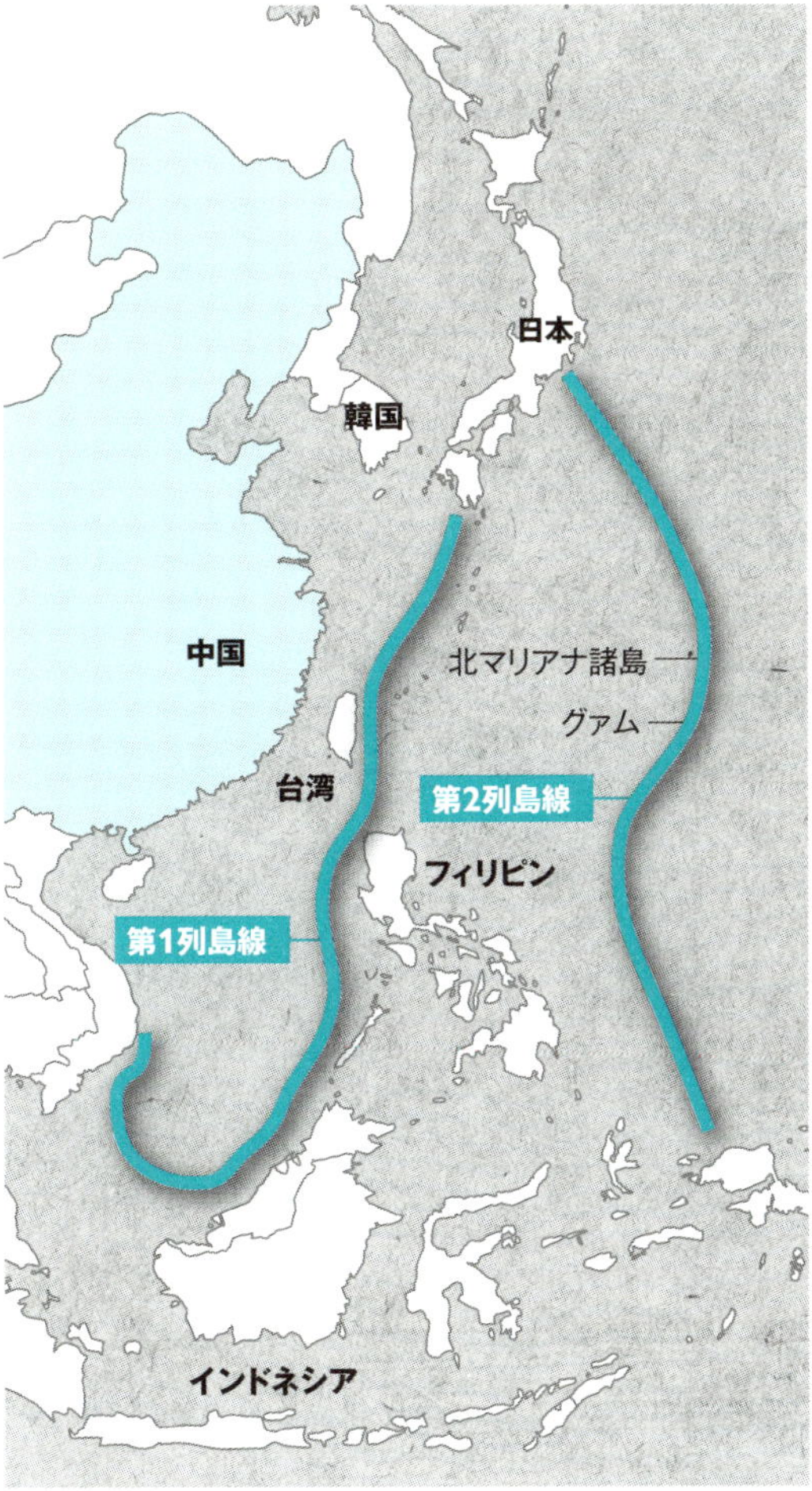

時事ドットコムニュースをもとに作成

こうした中国の伝統的な世界観が、今日の中国の外交に反映している一例が、最終段階高高度地域防衛システム（ＴＨＡＡＤ）を巡る振る舞いです。

ＴＨＡＡＤは、アメリカ製のミサイル防衛システムです。アメリカが在韓米軍に配備を望み、２０１６年に韓国の朴槿恵政権と合意しました。敷地はロッテグループ所有のゴルフ場が選ばれました。韓国国防省は、次の大統領を決める選挙の1週間前に運用が開始されたと発表しました。

問題は、中国が配備に反対して、韓国に露骨な圧力をかけたことです。韓国のロッテグループが中国で展開している店舗の多くが、活動停止に追い込まれました。中国は、自国民の韓国への観光旅行も制限しました。

韓国の文在寅大統領は、就任した２０１７年5月10日に、トランプ米大統領と電話会談して、米韓同盟を強化することで一致しました。韓国の大統領としては、自国の安全を保障するアメリカの大統領とまず意思疎通するのは当然です。

文大統領は翌日、中国の習近平国家主席と電話会談しました。習近平は、「実際の行動で関係を発展させることを希望する」と告げました。文脈からすると、ＴＨＡＡＤ配備・運用を見直すように求めたものです。

韓国に米国のＴＨＡＡＤが配備されることを、どうしてこれほど執拗に妨害するのでしょうか。

表向きには、中国の戦略的利益を損なうという説明をしています。

ＴＨＡＡＤを構成するレーダーは、北朝鮮だけでなく中国の一部まで監視できる能力があります。日本の軍事専門家によると、中国は北朝鮮との国境付近にミサイルを配備しています。

しかし、中国の振る舞いは、軍事的な理由からだけでは説明できないのです。

中国の戦略的目的としてよく言われるのは、北朝鮮を緩衝地帯として維持するということです。韓国には米軍が駐留しています。もし韓国が北朝鮮を吸収して統一したら、中国は米軍がいる国と、直に接することになります。中国が避けたい事態です。

これは私の仮説ですが、中国には、朝鮮半島全体を緩衝地帯としたいという、長期的な目論見がありそうです。

中華帝国は長い歴史を通じて、朝鮮半島を影響下に置いていました。朝鮮半島にできた国は、中華帝国の冊封国だったのです。

文在寅大統領の韓国が、米国と中国の間で揺れています。米韓同盟を本当に強化するのか。中国の影響下に入るのか。ＴＨＡＡＤの扱いが試金石になります。

トランプは中国と取引する

アジア太平洋地域の将来にとって、トランプ大統領がどのような対中国政策をとるのかが重要です。

オバマ政権時の米中関係とは様変わりです。

オバマ大統領が２００９年に就任した際、外交面での最も大きな課題は、台頭しつつある中国を既存の国際秩序の中に組み込むことでした。中国が国際政治・経済の責任あるプレーヤーとなるように誘導する、と言い換えてもよいでしょう。

対中外交のアプローチには二つの側面がありました。一つはエンゲージ、すなわち関与すること。もう一つは、ヘッジすなわち囲うこと。

オバマ大統領は、エンゲージに軸足を置いた対中政策でスタートしました。政権初期に、「Ｇ２」論がマスコミを賑わせたのを覚えている方も多いと思います。アメリカと中国が突出した2大国として、国際経済・政治を切り盛りするようになる——そんな楽観的な予測がまだ可能だったのです。

しかし、次第に就任当初の課題は果たせないということが明らかになります。中国が、既存の秩序に組み込まれるのではなく、地域における独自の秩序作りに乗り出したからです。南シナ海、東シナ海への強引な進出はアメリカとの関係をギクシャクさせました。

オバマは、すなわちアジア太平洋地域を重視する方針を打ち出しました。アメリカの軍事プレゼンスを再び高め、経済的な関係も強化する方針でした。

オバマ政権が主導して、日本を含む12か国が、中国抜きの自由貿易圏作りを目指して交渉しました。ＴＰＰ構想です。ＴＰＰは調印されました。

そこでトランプ大統領が登場しました。就任した直後に、アメリカはＴＰＰから脱退すると決めました。アメリカの労働者から職を奪うという理由で、選挙戦中から脱退を公約しており、早速実行に移したのです。中国にとっては喜ばしい展開でした。

トランプは、選挙戦で、対中貿易赤字をやり玉にあげ、中国が不公正な貿易によってアメリカの職場を奪ったと主張していました。中国が為替を不正操作しているとも非難しました。

就任したら、貿易を巡って中国と対立すると見られましたが、思わぬ展開となりました。トランプ大統領が、北朝鮮の核・ミサイル問題を外交・安全保障分野での最優先課題と位置づけ、中国に協力を求めたからです。

2017年4月に、訪米した習近平主席と行った米中首脳会談で、トランプ大統領は、貿易問題と北朝鮮政策について話し合いました。中国に対して、北朝鮮に影響力を行使するよう求めたとされます。

それから1週間あまり経った頃、私は、トランプ大統領のツイートを読んで驚きました。

「中国が北朝鮮問題でアメリカに協力しているのに、どうして私が中国を為替操作国と呼ぶだろうか」とありました。

中国が北朝鮮の核・ミサイル問題で協力しているのだから、為替操作国と指定することは差し控える――これは、取り引きしたと受け止められても、当然でしょう。

これまでの大統領なら、もしそういう取り引きをしたとしても、表には出さなかったはずです。

不動産ビジネスを思わせる取り引きを対中外交に持ち込み、それをツイッターで世界中に発信する。これがトランプ流か、となりました。

こういうトランプ流の外交には不安もつきまといます。何かと引き換えに南シナ海での中国による現状変更を容認することはないのか、といった不安です。力による現状変更は許されないということは、大原則であって、取り引き材料にしてはならないのです。

視 点

その（ **9** ）

帝国が復活している

視点
その 10

生き残りのためには強みを生かす必要がある

日本の厳しい安全保障環境

日本を取り巻く外交や安全保障の環境は厳しい。
北朝鮮の核開発、中国の海洋進出などの課題にどう対応していくのか。
グローバル化が逆流する大変動の現在、
「国家」としての行動が問われる時が迫っているかもしれない。

これまでの章で、様々な国の主流派が登場しました。東ドイツの変動期に西ドイツとの統一を熱望した人々。アメリカでポリティカル・コレクトネスに圧迫された白人。「正しさ」を掲げる韓国の運動……。また、国家の政治指導層やエリートについても述べました。

大英帝国の伝統を体現するイギリス人エリート。ひたすら核武装を進める北朝鮮の金正恩委員長。クリミアを編入して米欧と対立したプーチン・ロシア大統領……。

「国民・民族の特性」、「お国柄」「集団的記憶」についても話してきました。今日世界で起きていることを理解するためです。

東日本大震災からの復興をめぐって

私は、他の国のお国柄を語る時、意識的にあるいは無意識的に、日本と比較しています。

私にとって、２０１１年3月11日に発生した東日本大震災は、日本と日本人について再考する契機となりました。

３年後の２０１４年2月、津波被害を受けた岩手県の被災地を、中南米やアジア、中東の若手の官僚や技術者たちが訪れました。母国で防災関連の仕事をしている人々です。国際協力機構（ＪＩＣＡ）のプロジェクトでした。１９３３年の三陸沖地震津波で多数の犠牲者を出し、東日本大震災でも津波に襲われた宮古市田老地区も見学しました。

移動の途中の休憩時間に、参加者に「復興が遅いと思いますか」と尋ねました。居合わせた数人で、「そう思う」と答えた人はいませんでした。

チリから来た男性は、「早いか遅いかではなく、計画をよく練っているのが印象的だった」と答えました。エルサルバドルの男性は、ハイチを引き合いに出しました。２０１０年の大地震の被災地を2年後に訪れたが、「荒廃したままだった」。

ハイチと比べられてとまどいました。このカリブ海の国で、大地震が起きたことは知っていても、それ以上の知識はあいまいでした。

後で共同通信の『世界年鑑』でハイチについて調べました。「世界初の黒人国、中南米初の独立国」であるという知識を得ました。

フランス領だった18世紀末に、フランス革命の影響を受けた解放黒人奴隷による独立運動が起き、１８０４年に独立を宣言しました。20世紀後半、軍事独裁制が30年あまり続き、民政復帰後も政情は安定せず。２００４年から国連のＰＫＯ部隊が駐留しています。

読みながら、日本には災害からの復元力があり、ハイチには不足しているとすれば、その違いはどこから来るのかと思いました。

２０１４年2月に訪日して津波被災地を視察したマルガレータ・ワルストロム国連事務総長特別代表（防災担当）は、日本記者クラブでこう語りました。

コミュニティ（地域社会）と協議して復興の方向を定めるのは時間がかかる。多くの被災地で、協議と作業推進のバランスのよさを感じた……。

今日なお、復興の過程について、様々な問題がありますし、完璧からはほど遠いでしょう。しかし、外国人の視点から見た時、日本社会の復元力が認められることは確かです。

地震、台風、火山の噴火。日本は自然災害が多い国です。そのことが日本人の国民性を形成してきた面があるのは確かです。

自然災害と侵略

駐米大使を務めた加藤良三さんの寄稿が、産経新聞

2017年4月14日付に掲載されていました。一種の日本のお国柄論です。

2014年に文科省の研究所が発表した世論調査で、83%が来世も日本人に生まれたいと回答している。ウイン・ギャラップ・インターナショナルが64か国で行った世論調査で、「あなたは自分の国が侵略を受けたとき、身をもって戦いますか」と問うたところ、日本では「イエス」は11%と最も低かった。

加藤氏は指摘します。

「日本国民の『自然災害』に対する結束度と、『他国からの侵略』に対する結束度の間に顕著なギャップがあることを示すものである」

加藤氏のこの文章を読んで思い出したのは、参議院議員だった椎名素夫さんが1995年に、雑誌『発言者』（1995年8月号）に寄せた文章でした。

椎名氏は2007年に亡くなっています。生前何度かお話をうかがいました。安全保障の専門家というだけでは言い足りません。安全保障とは、そして同盟とは何かについて、透徹した見解を持っている人でした。「日本人は世界像を再点検せよ」と題されたこの文は、湾岸戦争が終わって1か月ほどして、ハーバード大学を訪れた際のエピソードから始まります。

ある教授から、こんな言葉を聞いた。

「戦争は、国の歴史でも重要だが、それに関わった個人、とくに死傷者の家族にとってはもっと切実なものであり、それら家族の歴史に深く、長く刻み込まれる。そして、その歴史とともに、誰が一緒に戦ったか、あるいは誰が知らぬ顔を決めこんだかが思い起こされる」

そして椎名さんは痛切な思いを記すのです。

ふりかえると、昭和二十年の敗戦を境にして、それ以前の日本人の「死」は国家に関わりのある「死」が多かったことに気付く。これが一転して、その後はほとんどすべての死が、国家と関係のない「個人の死」になった。その結果、家族の歴史と国の歴史は断絶したのである。

あの戦争の後、生命を惜しむことが日本国民の義務になり、それでも時として起こる死は事故として片付けることで、その後の日本社会は、死を勘定に入れないことをほとんど制度化したと言ってよい。

椎名さんの問題意識は、日米同盟をいかに維持するかでした。

自衛隊員は命を懸けて国を守る存在である――この認識に立たずに、機能する同盟はありうるのか――という問題意識があったのです。今でも有効な問題提起です。

安全で便利な社会

日本の特長は何でしょうか。治安がよいこと、行き届いたサービスが享受できるという意味で便利なこと。この二つは確かです。だからこそ、外国からの観光客が増加してもいるのでしょう。

治安のよさは統計からも明らかです。図が示すように日本では犯罪の件数が減少傾向にあります。これは警察が把握した件数の統計です。

ただ、サービスのよさは手放しで評価するわけにはいきません。

「視点その5」で、300人以上の死者・行方不明者を出した韓国のセウォル号事故を取り上げました。日本でこれに匹敵する交通機関の事故といえば、2005年に起きたJR福知山線の脱線事故がありました。乗客と運転士の計107人が死亡しました。

直接の事故原因は、運転士がスピードを出し過ぎていたため列車がカーブで脱線したことでした。前駅で起こしたオーバーランのミスが頭から離れず、ブレーキ操作が遅れたと推定されています。

その背景には、ミスをした社員に厳しいペナルティを科すJR西日本の企業体質があったと指摘されています。

さらにその背景には、鉄道会社と利用者の双方にとって、国際水準から飛び抜けたダイヤの正確さが当たり前になっていたという事情があります。

日本社会の便利さを支えているといえば、宅配サービスもその一つです。宅配便総数は2016年度、37億個を超え、この20年間で3倍に膨らみました。業界最大手のヤマト運輸は2017年4月、サービスの

刑法犯　認知件数の推移

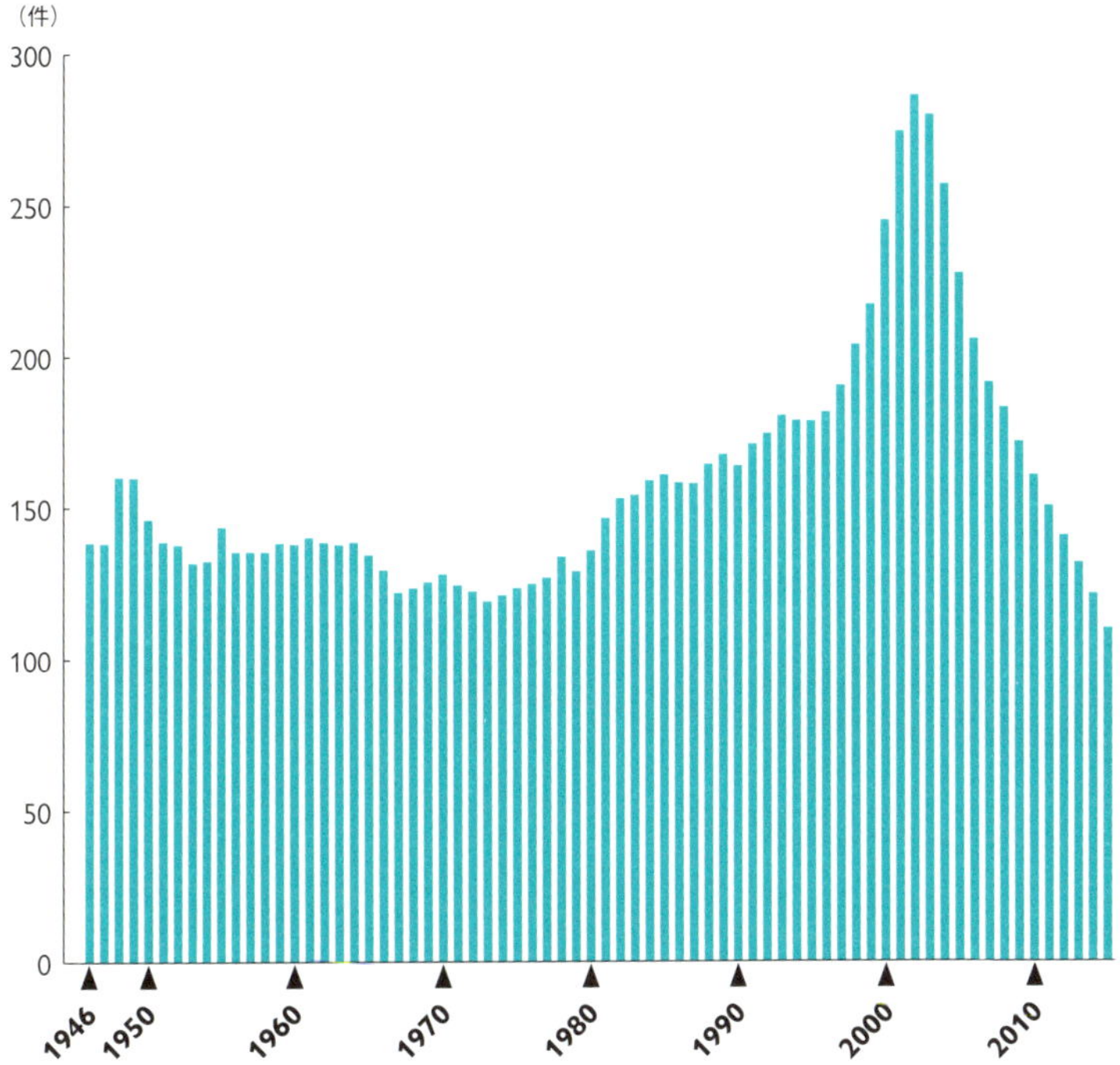

「犯罪白書　平成28年度版」より

見直しを発表しました。配達にあたる現場従業員の疲弊が深刻化したからです。

サービスの追求は、行き過ぎが表面化しているようです。

オックスフォード大学教授の苅谷剛彦さんは、2017年1月20日付の日本経済新聞「経済教室」欄で、次のような趣旨の議論を展開しています。

就業者の高学歴化により人材の質は向上している。高まったはずの人的資本が生み出す価値は、他の先進国以上に行き届いたサービスを消費者が受け取ることで使い果たされていると考えられる。

サービスへの過剰な要求を修正するバランス感覚が求められています。

安全保障をどう考えるべきか

日本の将来を巡る議論では、人口減の傾向は避けて通れません。

次頁の図は、国立社会保障・人口問題研究所が発表した日本の人口のグラフです。


2065年の図は、推計であって、これからの社会の動向によって変化は可能です。しかし、人口動態は、ゆっくりとしか方向を変えないことを考えれば、基調として人口が減少していく国であることは、間違いないでしょう。

人口減少がそのまま国家の衰退なのか。そうではないと思います。

読者のみなさんにとっては、日々どうやって暮らしていくか、どんな人生を歩んでいくか、いわば「ウェイ・オブ・ライフ」が一番大切でしょう。

その舞台を守ることが国家の役目です。

問題は、国内を安全にするやり方が国家と国家の間では通用しないということです。日本がルールを守り、相手方に順守を求めても、通じない場合があるのです。

外交や安全保障の環境は厳しくなっています。

日本の周囲を見渡せば、ロシア、中国、韓国と一筋縄ではいかない国ばかりです。なによりも北朝鮮が、核ミサイル開発を加速していることが、日本の安全を脅かしています。

日本の人口の推移

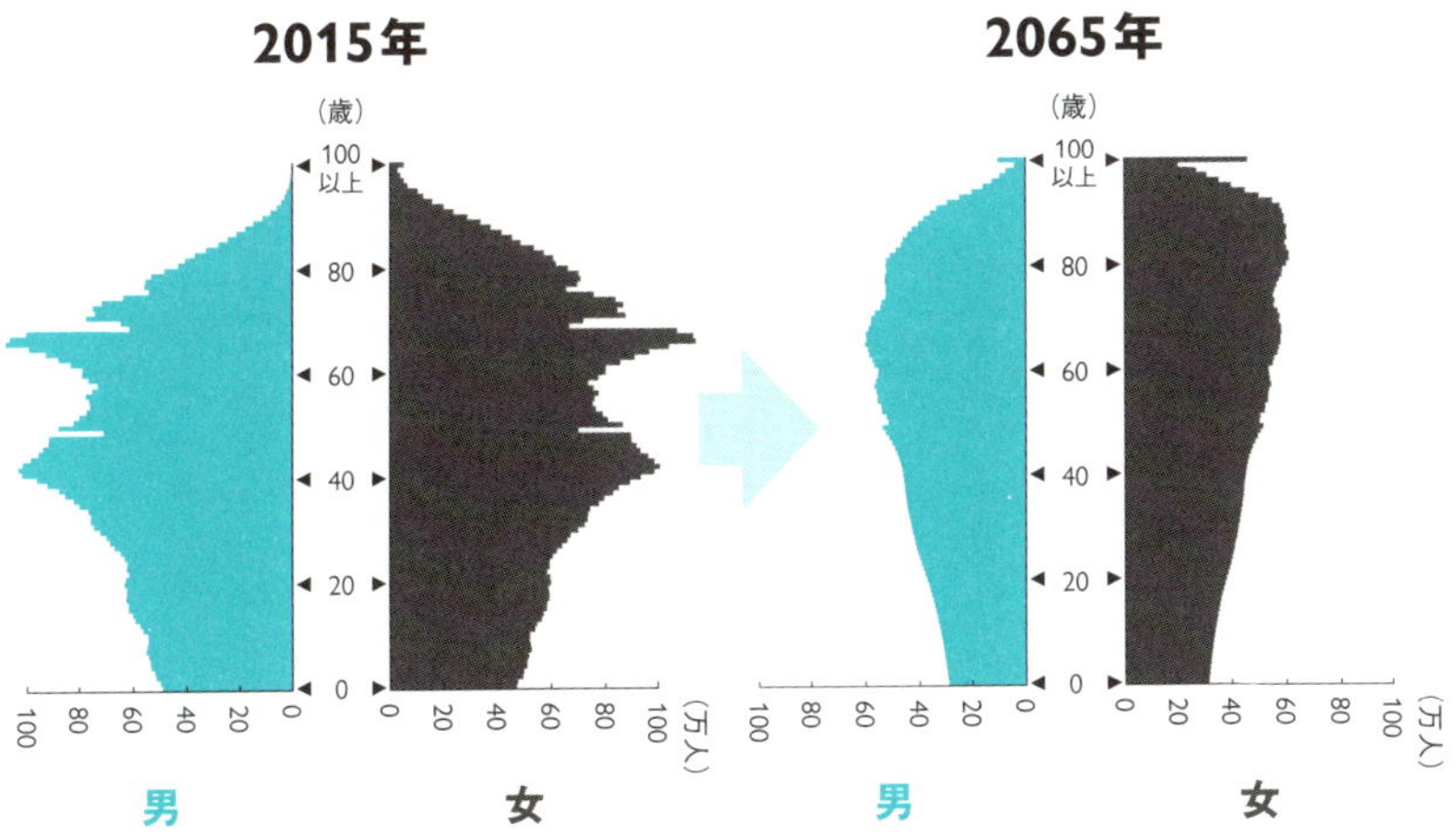

15年は国勢調査、65年は将来推計人口に基づく

国民の生活を守るという国家の役割は多岐にわたりますが、最も基本的な分野は安全保障です。国家を防衛する役割です。

　この分野で、戦後に形成されてきた国民性が浮き彫りになっています。

　日本では、独自核武装論がほとんど語られないということから、日本の独自性が見て取れるのです。

「視点その6」で、伊豆見元教授の最終講義を紹介しました。アメリカが1990年代に、北朝鮮の核開発問題に取り組んだのは、北朝鮮が核武装すれば、韓国、日本も独自核武装に向かいかねないという危機感が大きかった——そういう論でした。

　奇矯な意見ではありません。

　国際関係論の分野の大家である、アメリカのヘンリー・キッシンジャーはすでに1994年、北朝鮮の核開発を巡る米朝間協議が続く中で、次のように予測しました。

「韓国は独自の核兵器を開発する誘惑に駆られるだろうし、北朝鮮ミサイルの射程内にある日本も、自前の核兵器・一般軍備計画を加速させるだろう」（読売新聞

１９９４年７月25日付）

キッシンジャーはもともと学者ですが、ニクソン政権では、大統領補佐官や国務長官を務めました。国際関係を考察する上で「力の均衡」を重視するキッシンジャーとしては、理屈に合った予測だったのでしょう。

１９９４年の核危機は、米朝合意でいったん沈静化しましたが、問題が先送りされたに過ぎませんでした。

近年の北朝鮮の度重なる核実験や弾道ミサイル発射を受けて、アメリカの要人たちが、日本の核武装の可能性について言及しています。

しかし、北朝鮮が核実験を繰り返し、核ミサイル配備が現実となろうとしても、日本では独自核武装を巡る議論らしい議論すら起きていません。

それはなぜかをここで論じようとは思いません。そうした世論の状況がよいとか悪いとか言おうというのでもありません。

そうした国民世論の現実を踏まえて何をするべきでしょうか。

北朝鮮の核の脅威に直面しながら核武装を論じないことが、必ずしも国際的な常識ではないことを意識する。そして日本がアメリカの「核の傘」に依存しているという現実を認識する。

そうしないと、日本の安全保障について語っても、地に足がついていないと思うのです。

日本が神のマントをつかまねばならない？

東西冷戦が終結に向かう中で、西ドイツはきわどいタイミングをとらえて、東ドイツとの統一に成功しました。コール首相は、「神のマント」をつかんだ。ビスマルクの言葉をひいたこの表現を、「視点その２」で使いました。

日本は、東西冷戦の終結をチャンスとみなし、これを生かしたのか。そうは言えないと思います。

明治大学特任教授の山内昌之さんは、月刊誌『中央公論』２０１５年12月号掲載の対談で、

「日本は絶好の波に乗れませんでした。歴史家として『冷戦終結』と聞くと、いまだに去来するのは、その痛

恨の思いなんですよ」と述懐しました。

山内さんが具体的に例示しているのは、ソ連との北方領土問題を解決できなかったことです。

「政府与党に強力な布陣が揃っていれば、一気呵成にソ連との平和条約の締結、北方四島の問題解決に持っていける可能性が十分あった、と私は思うのです」

ただ日本は、ドイツのように分断されていたわけではないので、東西冷戦終結に合わせて勝負に出なくても大過なかった、と言えるでしょう。

その後20数年かけて、日米安保ガイドライン改定や、安保関連の法整備などを進めてきました。自国を守る同盟を漸進的に強化してきたことは見逃せません。

東西冷戦終結後は、経済グローバル化が加速しました。日本はバブル経済がはじけ、経済停滞に落ち込みました。グローバル化をチャンスととらえて適合しようとする発想も乏しかったと思います。

2016年にイギリスがEU離脱方針を決め、アメリカでトランプ大統領が登場しました。グローバル化が逆流し、世界は再び大変動の時期にはいっています。

問題は、東西冷戦終結の時と同様に、今回の変動期を過ごせるかです。

今回は、日本にとって遠い地の出来事では済みません。なにしろ戦後日本にとって、もっとも親しい国家であるアメリカで変調が起きています。神経をとぎすましてアメリカとの関係を維持しなくてはなりません。

中国の富国強兵路線はどこまで進むのか。日本はどう対応していくのか。

もし、朝鮮半島で有事が起きたら、あるいは韓国と北朝鮮が国家連合という形での統一に向かうとしたら、日本は何をするのか。

決定的なチャンスでの国家としての行動が問われる。そんな時が来るかもしれません。

何とか乗り切って、日本人が「ウェイ・オブ・ライフ」、すなわち生活の仕方、人生の送り方を追求できる空間を確保していきたいものです。

あとがき

この本の原稿を書いていて、グローバル化と国家の関係をどう表現しようかと思い悩んだ時、ローリング・ストーンズのCDを聞いて気分転換しました。

好きな音楽だからです。もうひとつ理由があります。リード・ヴォーカルのミック・ジャガーから、「グローバル化に対する解毒剤」というべき言葉を聞いたことがあるからです。

2007年にロンドンで新聞社の同僚とインタビューしました。

こういう質問をしました。

「私たちはグローバル化の時代に生きています。国境を越えて情報や音楽やカネが激しく行きかっています。こういうグローバル化はあなたの音楽に影響を与えていますか」

ミック・ジャガーの答えがかっこよかったのです。

「いろんな意味で音楽というものはずっと前からグローバル化されていたんだ」

「19世紀の終わり、20世紀の初めから、クラシックであれポピュラーであれ、重要な音楽家は国際的なスターだった」

「その頃の音楽家は、ニューヨークやロンドンでコンサートをして、東京でも上海でもサンクトペテルブルク、ベルリンでもコンサートをした。彼らはコスモポリタンだった」

コスモポリタンという言葉が光っています。音楽は国境を越えるという自信が表れています。

ミック・ジャガーは、グローバル化についてさらに言葉をつぎました。20世紀前半のブロック経済やソ連共産主義経済の閉鎖性について触れた後、「アメリカだってまた閉鎖的になるかもしれない。分からないよ」と言ったのです。トランプ登場後の今日から振り返ると、なんだか予言的です。

このインタビューは彼の新しいアルバムが主なテーマで、紙幅の制約もあり、グローバル化に関するくだりは紙面には載りませんでした。

新聞記者として様々な国の人と対話しました。現在起きている問題について考えていると、記憶の中から言葉が浮かんで来ることがあります。有名人とのインタビューだけでなく、街角で通行人に聞いた話もあります。

会社の同僚や他社の記者との会話や、彼らが書いた記事からも多くを学びました。

知識や体験の蓄積はひとそれぞれです。読者の方が、国際ニュースを自分なりに取り込んでいく上で、この本が少しでも役に立ったのなら、著者としては幸いです。

この本は、筆者が2016年度に非常勤講師として順天堂大学国際教養学部で行った講義がもとになっています。

学生のみなさんの若々しい感性から発せられる意見や質問に、はっとさせられることが度々ありました。

よい刺激を与えてくれた若者たちに「ありがとう」と言わなくてはなりません。

ディスカヴァー・トゥエンティワンの藤田浩芳さんが講義内容に関心を寄せてくださり、書籍化の運びとなりました。ビジネスパーソンに役立つ本を目指し、大幅に加筆修正しました。節目節目での藤田さんの的確なアドバイスに感謝しています。

2017年7月7日　著者

森千春

MORI Chiharu

1958年、石川県金沢市生まれ 。東京大学教養学部ドイツ科卒。1982年、読売新聞入社。1989-1993年、ベルリン特派員。「ベルリンの壁」崩壊と東西ドイツ統一を取材する。1997-2001年、ソウル特派員。2005-2009年、欧州総局長。現在、論説委員。著書に『「壁」が崩壊して ― 統一ドイツは何を裁いたか』（丸善ブックス）、『朝鮮半島は統一できるのか ― 韓国の試練』（中公新書ラクレ）がある。

ビジネスパーソンのための
世界情勢を読み解く10の視点
ベルリンの壁からメキシコの壁へ

発行日　2017年　8月　15日　第1刷

Author　森　千春

Book Designer　新井大輔

Publication　株式会社ディスカヴァー・トゥエンティワン
〒102-0093　東京都千代田区平河町2-16-1 平河町森タワー11F
TEL　03-3237-8321（代表）FAX　03-3237-8323
http://www.d21.co.jp

Publisher　干場弓子
Editor　藤田浩芳

Marketing Group
Staff
小田孝文　井筒浩　千葉潤子　飯田智樹　佐藤昌幸　谷口奈緒美
古矢薫　蛯原昇　安永智洋　鍋田匠伴　榊原僚　佐竹祐哉　廣内悠理
梅本翔太　田中姫菜　橋本莉奈　川島理　庄司知世　谷中卓　小田木もも

Productive Group
Staff
千葉正幸　原典宏　林秀樹　三谷祐一　大山聡子　大竹朝子　堀部直人
林拓馬　塔下太朗　松石悠　木下智尋　渡辺基志

E-Business Group
Staff
松原史与志　中澤泰宏　中村郁子　伊東佑真　牧野類

Global & Public Relations Group
Staff
郭迪　田中亜紀　杉田彰子　倉田華　鄧佩妍　李瑋玲

Operations & Accounting Group
Staff
山中麻吏　吉澤道子　小関勝則　西川なつか　奥田千晶　池田望　福永友紀

Assistant Staff
俵敬子　町田加奈子　丸山香織　小林里美　井澤徳子　藤井多穂子
藤井かおり　葛目美枝子　伊藤香　常徳すみ　鈴木洋子　内山典子
石橋佐知子　伊藤由美　押切芽生　小川弘代

Proofreader　文字工房燦光
Printing　中央精版印刷株式会社

ISBN978-4-7993-2165-2

増補改訂版

最新世界情勢地図

パスカル・ボニファス　ユベール・ヴェドリーヌ

出生率、宗教紛争、国際犯罪、核兵器、石油・ガスの産出地、自然破壊、水資源の争奪、同盟関係・敵対関係・貿易関係、各国から見た世界……

英国のEU離脱、トランプ米国大統領就任、頻発するテロ等々、動乱の世界が見るだけで理解できる100の地図。フランスの地政学の権威と元外務大臣による地政学最良の入門書。

本体1800円（税別）

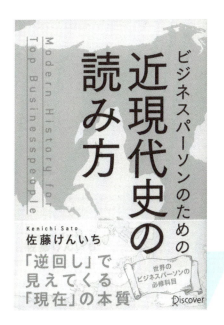

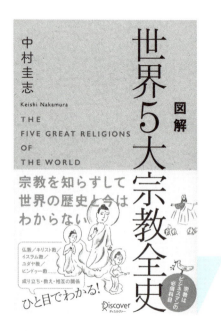

経営戦略全史

三谷宏治

経営戦略 100 年の発展史を一気読み！ ビジネス革新をめぐる巨人たちの「冒険活劇」が知的興奮を誘い、戦略実践のための新たな気づきに導く。本書は 20 世紀初頭から現在まで、約 100 年の間に登場した 90 余りの戦略コンセプトを、その背景とともに紹介する「ストーリーで読む経営戦略書」だ。多くの日本の会社が採用する、世界的には古典とされる経営戦略論から、21 世紀の経営環境激変の中で生まれた最新の戦略緒論まで、ビジネス史の流れとともに俯瞰的に学ぶことができる。これまでビジネス・経営を学んできた方の復習のためにも、また、これからビジネスに立ち向かう方のためにも役立つ経営戦略書の新定番。

本体2800円（税別）